STEAM 核心概念与创造性探究

儿童早期科学教育中的创造性探究

CREATIVE INVESTIGATIONS IN EARLY SCIENCE

全人教育 丛书主编
【美】安吉拉·埃克霍夫（Angela Eckhoff） 著
陶莹 译

江蘇鳳凰教育出版社
Phoenix Education Publishing, Ltd

目 录

概述

汤米和他的三个小伙伴正坐在美工区埋头画着头脑中想象的神兽。神兽是奇妙的物种，它是由现实世界中动物身体的某些部分以全新的方式组合在一起形成的。作为科学课程的一部分，这些五六岁的孩子最近几周一直在学习动物的特征及其栖息地。汤米的老师布朗先生最近分享了一个有关神兽的故事，叫《如果我有一个格里芬》(*If I Had a Gryphon*)。听完故事以后，班上很多孩子对于构想自己的神兽颇感兴趣。为了支持孩子们的探索，布朗老师不仅在教室的科学区里投放了各种动物的图片供他们参考，还准备了颜料、纸张、彩色铅笔及各种记号笔供他们构图和绘画。他鼓励孩子们一开始先画草图，然后再花几天的时间对草图进行修改。等到孩子们对自己的草图满意了，布朗老师再鼓励他们用艺术手段为神兽增添色彩，使神兽看上去更加生动形象。

汤米创作的神兽是现实生活中他最喜欢的那些动物的巧妙组合，这个神兽有大象的头、老鹰的翅膀和鬣蜥的尖刺。汤米把这些动物的特征绝妙地组合在神兽身上，使它“拥有超级力量，最强壮，最快”——它像大象一样强壮，能像老鹰一样翱翔，还具有鬣蜥的自然防御能力。布朗老师过来询问孩子们的作品时，汤米用手指着神兽的各个部位，激动地向布朗老师介绍他的神兽。布朗老师和汤米一起讨论了作为他创作灵感的那些动物的身体部位。

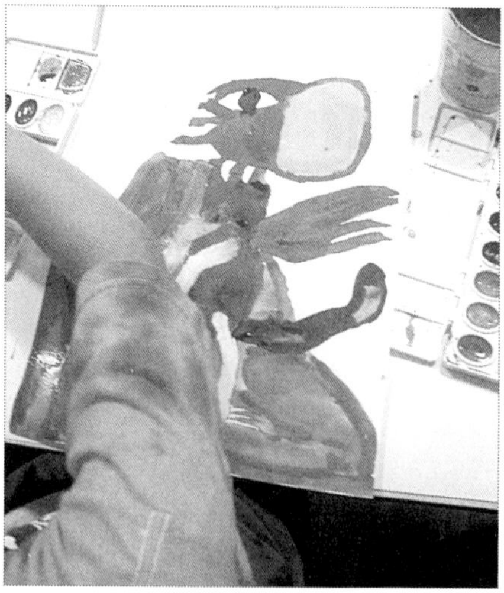

“好的，汤米，”布朗老师说，“接下来我要考考你，如果你的神兽有着大象的头和老鹰的身体，它该吃什么呢？”汤米兴奋地回答：“这个神兽的大象头喜欢吃花生，不像老鹰那样喜欢吃鱼或松鼠。”布朗老师忍不住笑了，又问汤米：“那这只神兽睡在哪儿呢？它会不会像老鹰一样有一个巢呢？”汤米立即回答：“是的，它只有老鹰那么大，所以它要睡在很高、很高的巢里，这样才能远离那些大的动物。”

汤米在创作神兽的过程中把他对动物需求和特征的了解、他的创造性思维能力和视觉艺术能力整合在一起。布朗老师为孩子们创造的学习环境鼓励和支持儿童将科学学习的内容与他们参与创意活动的强烈愿望结合。对神兽的探索恰好为孩子们提供了独特的机会，能让每个儿童都形成自己对神兽的理解，并且鼓励他们在创作过程中回想和运用他们关于动物身体特征的知识。

为了使儿童的学习经验更为深入，布朗老师把他们绘制草图的过程和他们在区角对动物图片的研究经验整合起来。同时，布朗老师还通过提问来帮助儿童进一步丰富作品。

儿童是科学家

所有儿童都是科学家。在儿童早期阶段，他们会自发地参与观察、操作、实验和探索。儿童与生俱来的好奇心是早期教育者在教室中建构科学经验的出发点。基于探究的儿童早期科学教育会充分结合儿童在探索周围世界时所展现出的兴趣。通过创新、动手和动脑的学习活动，早期教育者可以鼓励儿童以适合自己的方式构建他们对地球科学、生命科学和物理科学的理解。这本书中所描述的科学教学活动是基于教学法中的 5E 探究模型（引入、探索、解释、迁移、评价），以及《下一代科学教育标准》(以下简称《标准》，Craft et al., 2012）中所推荐的教学内容。

本书旨在为早期教育者提供教学实践、科学内容知识和教学思路，这些内容不仅能为儿童学习地球科学、生命科学和物理科学提供支架，还能培养儿童的探究能力和创造性技能。这本书将拓宽大家对科学内容、学习环境、教学三者之间关系的认识。当科学教学活动建立在儿童的兴趣和理解的基础上，并与其他学习领域——语言、技术、工程、艺术、数学、社会联系在一起时，儿童就能够体会到有意义的学习，以及各学习领域之间的相互关联。本书强调在早期教室中鼓励儿童动脑学习的重要性，通过教师的引导和儿童的独立探究，每位儿童都能以有意义的方式积极参与课堂学习。早期教育者在帮助儿童构建科学经验的过程中扮演着重要角色。本书所呈现的是创新的、基于探究的科学教学活动，早期教育者在教学的设计、实施、评价过程中既是引导者也是协助者。对儿童来说，科学学习会涉及使用工具和各种材料，要发挥想象力和创造力，根据观察结果提出问题、探索问题，以及与他人分享自己的发现。

本书将从以下几个方面帮助教师在早期科学课程中开展富有创造性的教学活动。

- 帮助教师厘清科学内容、基于探究的学习，以及基于项目的学习之间的关系。
- 帮助教师设计科学活动中的合作学习，让所有儿童都能以独立操作、小组合作或大组合作的方式参与科学活动。
- 帮助教师开展能让儿童每天都能学到科学内容的教学活动。
- 帮助教师认识儿童对科学概念的理解、看法和误解，并在此基础上促进其对科学概念的掌握。
- 帮助教师用儿童真实的作品和教室里的物品来记录儿童科学经验的发展。

游戏化学习

游戏是儿童探索科学的一个重要途径。通过游戏，儿童了解自己、自己所处的环境、他人以及周围的世界。游戏化学习鼓励儿童在感到安全的前提下去冒险尝试、探索和实验。儿童早期教育中的游戏有许多不同的形式和功能。当儿童在游戏中进行探索、实验和合作时，他们是在理解世界是如何运转的。儿童希望教师能支持他们的游戏，希望教师能仔细辨别游戏的情形，知道他们何时欢迎和需要教师的指导或介入。

儿童通常把自己的想法带到游戏中来，以进一步验证和厘清他们的已有知识和理解。这个过程是儿童主导的，成人扮演着支持者、指导者和协作者的角色。成人以每位儿童自身的理解水平为出发点开展有目的的教学，并在教学实践中鼓励提问和探索。教师需要营造一个尊重儿童独特学习和探索方式的活动环境，确保儿童有足够的机会参与游戏化的学习和探索。作为支持者、指导者和协作者，教师需要仔细观察儿童的游戏，通过提问，投放更多的、支持性的操作材料，以及个别化的指导来鼓励儿童思考。

早期科学教育中的引导式探究

当儿童在早期科学教育中探索新技能时，基于探究的学习发挥核心作用，为儿童创造许多有意义的学习机会。与教师作为知识传授者的传统观念不同，探究性课堂中的教师会提出问题，会根据儿童的兴趣设计有意义的课程，是儿童学习的引导者、协助者与激发者。在科学探索中采用引导式的探究，最重要的前提条件是教师的聆听能力。教师只有认真听取儿童的想法和兴趣并进行反思，才能与儿童一起计划和开展吸引人的、有意义的科学探索活动，并且在探索过程中鼓励个体进行表达。

儿童早期教育中基于探究的科学教学活动是以 5E 教学模式为框架来设计的。首先将儿童引入一个主题，然后运用材料和媒介进行探究，接下来是解释和完善。在 5E 教学模式中，教师和儿童在整个探究过程中共同评价他们对于事物的想法和理解（Bybee 等，2006）。基于探究的科学学习不仅需要教师的精心策划和深入参与，还需要儿童的专注和积极参与。我们建议早期科学教育将科学内容与探究技能整合起来。基于探究的学习需要以下技能：观察、探索、提问、预测、使用简单的工具和技术手

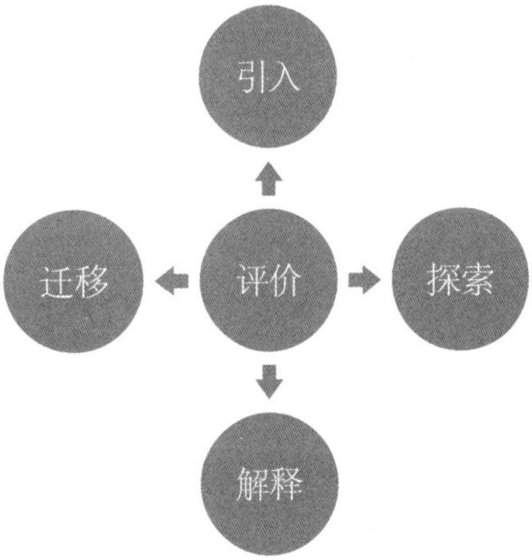

5E 教学模式

段，以及开展简单的科学调查。在本书各章的介绍中都会有关于 5E 教学模式是如何融入活动方案的阐述。

引入

在进入学习环境时，儿童通常带着已有的知识和经验、片面的理解甚至是误解。“引入阶段”可以帮助教师找出儿童对于相关概念的已有认知和看法。这个阶段也能帮助儿童思考和讨论他们对于某个概念的理解。“引入阶段”非常重要，因为在这一阶段中，教师要抓住儿童的兴趣，激发他们的求知欲。

探索

“探索阶段”是指儿童在参与科学活动时手脑并用。在该阶段，儿童或者独自一人或者作为小组成员积极地探索材料，检验想法以及调查问题。时间和空间是影响探索的重要因素，因此在该阶段，教师需要提供足够的时间和物理空间，以便于儿童参与探索活动。探索阶段可能需要持续几天甚至几周时间，具体取决于儿童正在探索的概念以及他们的兴趣。

解释

“解释阶段”是指通过口头（讨论）和实物（绘画、科学记录、模型等）的方式，帮助儿童将已有的认识和理解与当前的体验联系起来。该阶段能帮助儿童形成他们对所学科学内容的理解。因为强调交流和分享，该阶段还为教师介绍科学语言和科学术语提供了契机，从而帮助儿童更好地说明所观察到的现象。在该阶段，教师可以提出以下问题来鼓励儿童思考：你注意到了什么？怎么才能把你所知道的或你所经历的展示给我们呢？你能再说一说为什么你会这样认为吗？

迁移

“迁移阶段”帮助儿童把先前获得的概念和经验运用和扩展到新的问题情境中。在儿童早期教育中，科学区的后续探索活动，可以通过两人结伴或小组合作探索的方式迁移经验。在该阶段，儿童与同伴交流和讨论自己的想法是至关重要的。

评价

在儿童早期科学教育实践中，在整个探究过程中对儿童进行非正式观察以及与儿童互动是了解儿童学习情况最适宜的方式。这要求对儿童的学习过程进行持续评价，而不是对某一次学习结果进行评价。教师可以鼓励儿童与同伴分享和交流自己的发现和观点，鼓励儿童倾听他人的观点并予以反馈，通过这种方式让儿童参与到评价中来。

走出科学中的迷思概念

“迷思概念”是指那些不科学的观点。我们每个人都有迷思概念，很多迷思概念是由经常性的误解形成的。你可能经常听到的一个迷思概念就是——人类大脑只有 10% 得到了开发运用。认知学家多年来一直在改变人们的这种误解，因为没有科学依据表明我们只使用了大脑的 10%。事实上，当我们在活动、说话或思考时，脑成像显示大脑的活动出现在多个脑区。然而，我们当中有许多人一听到这句话就把它记下来了，日后还会说给别人听。像成年人一样，儿童也经常出现迷思概念。以下是在儿童中存在的比较常见的迷思概念：

- 下雨是因为云里有洞。
- 下雨是因为我们需要或想要雨水。
- 树叶变颜色是因为它们到了秋天想换颜色。
- 人类不是动物。
- 只有晚上才能看见月亮。
- 天上有四个月亮。

如果我们花点时间来思考一下这些迷思概念，就不难理解儿童是如何产生这些想法的。下雨天，当孩子抬头望着天空时，可能看到了似乎有洞的云，这些洞让雨水漏了出来。孩子也曾听大人说过这样的话：“秋天到了，树叶变得真美啊！”晚上我们指着天上的月亮让孩子看，经常读那些把月亮和夜晚联系起来的图画书给孩子听，但是我们很少在晴朗的白天指着天上的月亮让孩子看。儿童之所以会认为天上有四个月亮是因为他们断断续续地观察月亮，只是偶尔看到了月亮，然后发现这一次月亮看上去与上一次不一样。当我们开展的活动恰好强化了这些不正确的理解时，便在无意中制造了迷思概念。例如，在一次常见的有关月亮变化阶段的科学活动上，孩子们通过咬掉饼干一部分或撕纸片来表征月相的变化。因为这个活动要求孩子们创作四个不同的月亮并且将这四个月亮一字排开，我们就能够理解为什么孩子会产生这样的迷思概念了。

如果要强调这些变化都是一个月亮产生的，那么更适宜的活动是将四种形状的月亮（饼干或纸片）重叠放在一起以表示这是一个月亮。儿童可以想象，在每个阶段只能看到月亮的某个部分，从而了解为什么我们无法总是看到一轮满月。这个活动还能帮助儿童明白每个阶段与上一个阶段之间的关系。作为延伸活动，你可以请儿童及其家长共同完成为期一个月的月亮观察记录，从而进一步加深儿童对月亮的理解。如果儿童每天晚上有机会观察月亮（如果有可能的话），并且坚持一个月把看到的月亮画下来，他们就能开始了解月相的逐步变化阶段。从儿童的已有认识和经验出发设计活动有助于避免形成或强化迷思概念。

我们可以在“引入——探索——解释——迁移——评价”过程中的任何一个阶段花时间与儿童交谈，聆听他们的想法和对话，找出儿童持有的迷思概念。尤其在探索阶段，询问儿童对相关概念的已有认识和理解有助于教师更好地决定接下来该怎么教。要改变迷思概念并非易事，因为这些迷思概念来自我们长期持有的信念和看法，如果不去质疑和挑战，我们是不会想到要改变的。幸运的是，我们可以创造许多机会来挑战儿童的想法，这样我们就可以和儿童一起来解决这个问题。当进行儿童感兴趣的课程时，他们就愿意进行更深层次的思考。

需要注意的是，教师所教的概念必须是适宜儿童的，并且与儿童现有的理解水平一致。例如，季节更迭是一个比较复杂的概念。当我们把这个复杂的概念分解成适合儿童理解的概念时，我们可以将重点放在观察和描述生物的特征上，对一个人的生长与某一植物和动物的生长进行比较，描述人和动植物的基本需求和基本生命过程。这些最基本的知识能帮助儿童在以后的学习中更好地理解我们为什么会经历季节更迭。建立科学概念需要长期的努力，而早期阶段恰好是培养儿童思维、技能和态度的好时机。

在教室中建构创造性科学学习经验

儿童早期教育者在培养儿童创造性技能方面扮演着至关重要的角色，因为他们可以为儿童创设支持性的教室环境，让儿童的创造力得到发挥。为了更好地将创新学习体验融入活动中，教师必须精心设计每一次活动，在保持儿童兴趣的同时促进他们批判性思维和反思能力的发展。另外，教师要意识到创造力的发展是一个学习过程，要鼓励社会交往，提倡各抒己见。在活动中，创造力来自学生充满兴趣的学习，包括与同伴和成人一起反思和讨论，这就需要儿童记录并汇报他们的思维过程和体验。当儿童有机会亲身体验充满挑战和反思的学习时，他们的批判性思维能力和创造性思维能力就慢慢发展起来了。

在这本书中我们分享了一些活动方案和教学片段，这些活动方案和片段把儿童的探索技能与他们对地球科学、生命科学、物理科学的理解结合起来，同时还培养了儿童的创造性思维能力。每一次活动都包含了探索和创造性思维的核心要素——开放式问题、社会交往、反思与迁移。开放式问题有助于儿童探索不同的想法并且吸引他参与到探究中来。因为开放式问题提倡实验和检验不同想法，重点在于学习的过程，而不是为了得到一个固定的正确答案。实验和检验不同想法的经历能帮助儿童接受事物的不确定性并愿意尝试犯错，这会让他们对自己的问题解决能力越来越自信。同样，小组合作和社会交往也是创造性思维的核心要素。两两合作或小组合作能激发头脑风暴，并有助于儿童共同学习和互相学习。开放式问题还能帮助儿童进行反思并迁移知识和经验。这些能力都是非常重要的认知工具，能帮助儿童总结经验并审视自己的学习过程。

有关教学内容与实践的建议

本书各章节所呈现的教学内容均来自由美国国家科学院出版社出版的《下一代科学教育标准》中所推荐的内容。虽然标准未直接针对学前阶段的儿童，教师仍可以参考标准中的内容来决定在活动中为儿童提供怎样的学习体验。这将有助于儿童在学习内容和学习体验上奠定坚实的基础，还有助于他们参与创造性思维过程和基于探究的学习。在每一章都有一个部分专门介绍标准中的核心概念，与章节内容相呼应。本书中的每个活动案例都是为了鼓励教师探索和实施基于探究的科学学习体验，旨在培养孩子除课程内容知识外的思考、探索、提问以及记录归档的能力。每个活动都会要求教师仔细思考自己与儿童、与教室环境之间的互动。儿童、教师以及教室环境这三者之间的相互作用是学习过程的关键因素。这里提出一个可能性思维的概念，主要是鼓励教师思考提问、游戏、支持性课堂、想象力、创造力以及冒险精神对儿童学习和思维发展的作用。

可能性思维——教师与儿童之间的动态互动。

提问——教师认可、赞赏儿童提出的问题，教师的问题能够鼓励儿童进行探究。

游戏——儿童可以延长游戏时间。

专注——儿童能沉浸在没有批评和嘲讽的良性环境中。

创新——教师密切关注学生思维中的创新，以便及时促进鼓励。

想象——提供大量把想象和学习相结合的机会。

自我决定和冒险——当儿童有深度参与和冒险行为时，教师要鼓励他们。

促进创造性的、基于探究的科学学习的建议

教室环境的构成要素	教师的支持性方案
物质环境	● 空间灵活，桌椅可以移动，便于儿童探究、展示以及存放物体，同时可容纳小组和大组活动。
教师角色	● 创造机会让儿童用绘画、写作和口头表达等方式记录自己的想法。 ● 鼓励儿童与小组或大组成员分享他们的想法。 ● 提出问题以促进儿童深入思考和问题解决能力的发展。 ● 提供材料以支持学生的探索。 ● 密切关注学生的思维和探索，为其学习提供支架。
同伴关系	● 创造机会让儿童分享他们解决问题的过程并鼓励和支持儿童运用基于探究的思维和创造性思维。 ● 创造机会让儿童提出问题、设计实验或计划、结对或小组合作、检验想法并记录自己的学习过程。
科学经验的结构	● 创造机会将科学与其他学科内容联系起来，让儿童在较长时间内开展问题解决和项目活动，并让儿童多次重温以前的经验教训以鼓励其掌握相应的能力并增强自信。 ● 创造机会将科学学习融入社区和儿童日常生活中。
家长和社区的参与	● 创造机会将科学学习融入社区和儿童日常生活中。 ● 通过定期记录儿童的学习让家长参与到整个学习过程中来。

创设富有吸引力的科学区

除了精心设计和实施的科学活动以外，创设科学区也是非常重要的，便于儿童继续进行探索。科学区就是一个儿童既可以独自探索，也可以和小组成员一起开展探索活动的有趣的地方，这些区域可以是固定不变的，也可以是灵活移动的，具体取决于儿童的兴趣和需求。许多科学概念都源自学前儿童的户外游戏，儿童在户外可以更自由地探索生命科学和地球科学。

创设富有吸引力的科学区的建议

教室环境的构成要素	教师的支持性方案
物质环境	• 提供各种各样的自然材料，与科学内容相关的书籍、海报或彩色图片，以及适合儿童操作的科学工具（放大镜、天平、尺子等）。
教师角色	• 为儿童的游戏化学习、科学实验以及冒险创设支持性的环境。 • 密切观察儿童的游戏与探索过程（形成性评价）。 • 提出合适的问题帮助儿童扩展和厘清自己的想法。
同伴关系	• 创造合作学习的机会。 • 对儿童的作品和想法表示尊重。 • 创造游戏和探索的机会。
科学活动及经验的结构	• 为个人学习和小组学习创造机会。 • 根据儿童的反馈和兴趣灵活安排活动时间。 • 对于复杂的学习内容，开展持续的、基于项目的学习活动。 • 创造机会让儿童的思考看得见（探究性的动手体验，科学记录本，数字摄影图片等）。 • 对熟悉的教学内容和概念进行拓展，鼓励儿童进行深入、灵活的理解。

本书的结构

本书包含了儿童早期科学探索的各种内容：物质与物理属性、物理与化学变化、生长与变化、环境保护与可持续发展、地球和空间系统。

每章的开头都先介绍与章节内容相关的物理科学、生命科学、地球科学的背景知识，以及有关探索过程的背景知识。每个章节还提供了教学案例，旨在将教学内容和教学方法栩栩如生地呈现出来。为学前儿童设计的科学活动贯穿于整本书，这些活动都是指向创造性思维和探究思维的教学实践。每章还提供了与章节内容相关的儿童参考读物。

参考书目

Bybee, Rodger W., et al. 2006. *The BCBS 5E Instructional Model: Origins and Effectiveness.* Colorado Springs, CO: Biological Sciences Curriculum Study.

Craft, Anna, Linda McConnon, and Alice Matthews. 2012. "Child-Initiated Play and Professional Creativity: Enabling Four-Year-Olds' Possibility Thinking." *Thinking Skills and Creativity* 7(1): 48 - 61.

第1章
物理科学：理解物质与物理属性

儿童在探索周围世界时使用五种感官来获取有关物体物理属性的信息。运用感官探索为儿童了解物体以及物体在各种条件下的反应奠定基础。一个在炎热夏日里舔着冰激凌的孩子能马上明白冰激凌在他吃完之前就会融化。这种直接的、非正式的体验能够帮助儿童对事物的因果关系进行合理或是不合理的推断和解释。

物质指任何具有质量并占据一定空间的事物。质量是指物体中所含物质的量，它与重量不一样，重量是物体受重力大小的度量。儿童随时都能探索物质的许多物理属性，如大小、形状、颜色、质地、软硬、融化的温度、磁性及密度（决定物质沉浮的关键因素）。通过观察、预测、做简单的实验，探索物质的物理属性能为儿童基于探究的学习提供许多创新的机会。

探究的循环：物质与物理属性

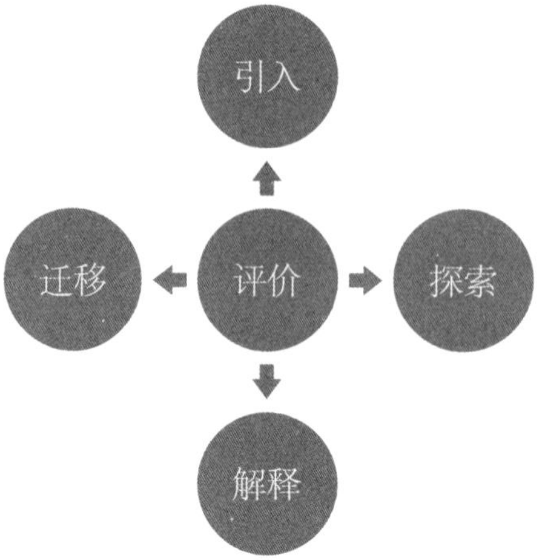

引入

适合“引入”的问题：物质与物理属性

可以通过以下问题来激发儿童的兴趣：

- 这些物体中哪一个更重？你为什么这样认为？
- 如果你把这块冰放在太阳下面，把另一块冰放在树荫下，会发生什么呢？为什么它会融化得快（慢）呢？
- 你觉得把这个物体拿在手里是什么感觉？
- 你能用一个词来描述这个物体吗？

探索

吸引儿童进行探索：物质与物理属性

当儿童探索周围世界时给予他们帮助，在教室里为儿童提供进行以下活动的场地：

- 按照物理属性对物体进行整理、比较和分类（颜色、形状、质地、大小、轻重、液态或固态）。

- 探索物体在水中的沉或浮。
- 触摸各种质地及用各种材料做成的物体。

解释

提供解释的机会：物质与物理属性

运用以下策略帮助儿童对课程内容进行更深层次的思考和探索：

- 在教室里投放有关物体物理属性的表格。
- 张贴儿童做实验的照片，配上儿童实验过程中的对话。
- 通过集体谈话环节与儿童一起讨论所观察到的物质的变化。
- 鼓励儿童在他们的科学记录本里绘画、书写和评论。
- 把班内儿童对物体沉浮、是否具有磁性以及软硬度的探索情况绘制成表格。

迁移

科学区的经验迁移：物质与物理属性

运用以下方法鼓励儿童持续学习：

- 让儿童在室内或室外玩水，投放各种各样的自然物或人造物，让儿童探索这些物体在水中的沉浮现象。
- 提供磁铁和各种材料的物体，让儿童探索磁性。
- 将各种各样的材料分类，让儿童探索物体的大小、形状、颜色、质地或软硬等属性。

评价

记录非正式评价：物质与物理属性

使用以下建议帮助儿童在探索过程中评价自己的学习：

- 设置集体回顾和反思环节。
- 为儿童的家人和朋友创设“科学之夜”。

- 用记录面板展示主要探究项目。
- 展示儿童的学习档案。
- 基于儿童的奇思妙想，让他们构思下一步探究计划。

物质与物理属性中的核心概念

物质的属性

- 我们身边存在着不同种类的物质，其中许多物质可以是固态或液态的，这具体取决于温度。
- 我们可以通过观察到的属性对物质进行描述和分类。
- 不同的物理属性适用于不同的目的。
- 许多物体都是由细小的部分组成的。
- 加热或冷却物质所产生的变化是能被观察到的。有时这些变化是可逆的，有时是不可逆的。

来源：美国《下一代科学教育标准》（*Next Generation Science Standards: For States, By States.*）

有助理解的班级教学案例：混色

杰克逊和他的朋友阿曼正在激烈地讨论用哪种颜色来画画。他们的老师克雷曼女士和唐纳利女士今天让他们结对来画一幅混色的画。两位老师已经将各种颜色的水倒进一个大的冰块托盘中，把这些颜色冻成了小冰块，还在冰块的上面插了冰棒棍，这样孩子们就有了绘画的工具。每对孩子可以选择两种颜色与同伴共同完成一幅画。杰克逊和阿曼选择了深红色和浅黄色的冰块来绘画。在开始绘画之前，克雷曼老师要他们预测画将会是什么颜色，以及在绘画的过程中他们手中的冰块会发生什么变化。阿曼立即答道："它们会融化，我们要快点画。"克雷曼老师接着问他们为什么认为冰块会融化。两个孩子都觉得冰块会融化是因为教室里不很冷。克雷曼女士回应道："这个想法不错。我们把冰块从冰柜里拿出来，冰柜能让它们冻住。你是对的，教室里比冰柜里暖和得多。你说你们要快点画，你们觉得冰块会融化得快还是慢呢？"两个男生不约而同地回答："快！"克雷曼老师接下来要他们仔细观察这两种颜色是怎样混在一起的，以及在绘画过程中手里的冰块融化得有多快。这两个男生拿着冰块在画纸上推来推去，很快他们就发现两种颜色混到一起去了。

反思

在这次有关颜料、结冰和融化的开放式体验中，杰克逊和阿曼有机会进行自由探索。当克雷曼老师设计这个活动时，她决定让儿童两两一组合作绘画，促使他们之间相互讨论，这是杰克逊和阿曼本次探究体验中的重要组成部分。本次探究过程中包含了观察、探索、提问、预测，以及开展简单的科学调查。

将物质与物理属性融入活动的小贴士

探索物质与物理属性可以运用教室中已有的各种不同类型的材料来进行。创设一个便于儿童探索的科学区是个不错的教学策略，有助于儿童独立开展科学调查。在创设专门探索物质的科学区时，足够的空间和地面是必不可少的，因为儿童要探索水和其他材料，虽然显得杂乱，但对于这些科学内容而言是必需的。在这样一个科学区里可以摆放水盘、沙盘，以及各种形状、大小、颜色和质地的材料。当儿童根据物理属性对物体进行整理和分类时，就涉及了数学学习。

活动方案

物品抓取袋

创造性技能

- 探索
- 想象
- 交流与合作

活动主题

根据物理属性（颜色、形状、质地、大小和重量）对物体进行描述和分类。

活动目标

探索物体的属性，并选择一个物体向同伴进行描述。

活动材料

小纸袋（或任何不透明的袋子），教室里的小物件，这些小物件要具有儿童可以描述的属性（如五颜六色的积木或数学计数棒，蜡笔，冰棒棍，不同尺寸、颜色、形状的玻璃或塑料小宝石、石头，各种尺寸和形状的瓷砖），这些物体还要小一点，以便儿童抓握在手心里。

活动概况

这个游戏可以在集体教学活动或小组活动中进行。

活动过程

1. 在游戏开始之前，要收集足够多的物品以便让每个儿童都至少有一次选择的机会。与儿童讨论如何轮流从袋子里选择一个神秘的物品，并将物品描述给其他儿童听，而不是直接告诉其他儿童手里拿的是什么，接下来其他儿童要根据描述轮流猜测这个物品是什么。如果这是他们第一次玩这个游戏，务必先进行一两次练习，以便帮助他们理解如何描述物品以及何时进行猜测。

2. 邀请一个儿童开始这个游戏。他从袋子里取出第一样物品，取的时候不能朝袋子里看。鼓励取出物品的儿童每次描述一个线索供大家猜测。先请这个儿童面对教师，背对着其他孩子，这样他可以把物品从袋子里拿出来后看一眼，然后用手遮住物品。准备好以后，他就可以转过身去请大家猜了。

3. 在摸物品的儿童熟练掌握游戏规则之前，教师可以通过提示来帮助他描述手里的物品。提示性的问题如下：你能描述一下这个东西的颜色吗？你能描述一下这个东西的形状吗？你手里的这个东西是重还是轻呢？你摸上去是什么感觉？我们在教室的哪个区域玩过这个东西呢？

4. 在全班儿童猜出这个物品之后，再邀请下一个儿童挑选一样物品让大家猜，直到每个儿童都体验过这个游戏。

活动记录

采用轶事记录法，把儿童描述物体物理属性的能力记录下来。

活动延伸

可以准备特定的几组物体来延伸这个活动，如自然物，从而在教室里拓展儿童的科学探究。

舞动的液体

活动主题

物体的物理属性是可描述的。

创造性技能

- 探索
- 交流与合作

活动目标

探索各种液体在不同物体表面上的反应。

活动材料

蜡纸（羊皮纸）、锡箔纸、美工纸或卡纸、玻璃纸或保鲜膜，盛放水的小容器，盛放液体肥皂的小容器，盛放植物油的小容器，小吸管或滴管，剪刀（成人使用）。

活动概况

这是一个探索性的实验，可以以集体或小组的形式进行，然后放到科学区供儿童继续开展探究。

活动过程

1. 预先把各种类型的纸张裁剪成小方块（9 厘米 × 9 厘米），至少需要 3 种类型的纸张以便儿童探索 3 种液体。

2. 请儿童触摸每种类型的纸张，并使用描述性的语言来说一说（亮亮的、滑滑的、黏黏的、粗糙的等）。

3. 向儿童展示每种液体。请他们思考哪种液体最稀，哪种液体最稠。

4. 与儿童讨论他们将如何进行实验，猜测这几种液体滴在不同的纸张上会发生什么。鼓励他们进行预测——当我们把水滴在纸上会发生什么呢？当我们把油滴在锡箔纸上会怎么样呢？

5. 请儿童每种液体取一滴，依次滴在不同类型的纸张上。请儿童注意观察两次间隔之间液体在纸张上有什么反应。

6. 请儿童思考：为什么这些液体在不同的纸张上反应不一样？为什么卡纸上的水滴被吸收了，而锡箔纸上的水滴却没有变化？当儿童思考这些反应时，鼓励他们回忆这些纸张的属性。你可以再让他们看看这些纸张，帮助他们将纸张的属性与液体的反应建立联系。

活动记录

采用轶事记录法，把儿童的描述能力和观察能力记录下来。

活动延伸

这个活动可以延伸到科学区，儿童可以反复操作。可以简化实验，让儿童每次只选择一种液体滴在不同的纸张上。当他们获得了开展简单实验的经验之后再增加液体的种类。

沉浮分类

活动主题

在液体中有的物体沉下去，有的物体浮起来。

活动目标

测试物体的沉浮，并根据沉浮现象将物体进行分类。

创造性技能

- 探索
- 寻找解决方案
- 记录
- 独特的问题解决能力

活动材料

日常用品（重量和大小各异的小玩具），自然物（树叶、树枝、石头、松果，以及重量和大小各异的种子），海洋和沙滩物品（贝壳、岩石、沙子、浮木、重量和大小各异的海玻璃），适合在教室里用的水槽或大而浅的塑料箱，水、毛巾（用于清洁），科学记录本和铅笔。

活动概况

可以两两一组或者分小组开展实验，这个活动既可以在室内进行，也可以在室外进行。

活动过程

1. 活动开始前放一些水到水槽或塑料箱中。

2. 跟儿童讨论“沉”和“浮”这两个词。鼓励他们回忆曾经在哪里看到过物体沉下去或浮起来，比如在有洗澡玩具的浴缸里，在有救生圈或浮板的游泳池里等。接下来给儿童展示今天要探索的材料，问他们是否知道哪些物体能浮起来，为什么能浮起来。

3. 鼓励儿童尝试所有材料，并给他们充足的时间进行探索和实验。儿童完成探索之后，鼓励他们将浮起来的物体和沉下去的物体进行分类。他们还可以把沉下去的物体和浮起来的物体画在科学记录本上。

活动记录

儿童对物体的分类情况，或者他们在科学记录本上的记录可以反映他们对物体沉浮现象的理解。

活动延伸

这次活动可以延伸为探索物质的另一种属性——磁性。收集各种各样的材料（金属的和非金属的），让儿童用磁铁来进行实验。鼓励儿童在科学记录本里用绘画或书写的方式记录哪些材料被磁铁吸引，而哪些没有。

描述颜色和运动

创造性技能

- 探索
- 寻找解决方案
- 记录
- 交流与合作

活动主题

描述物质可观察的属性并依据这些属性将物质分类。

活动目标

开展简单实验，并对各种液体的运动进行观察和描述。

活动材料

人手一个约 1 升大小的透明塑料袋（选用拉锁式袋子方便密封，最适合儿童独立使用），水（每人 1/2 杯），食用油（每人 1/2 杯），玉米淀粉（每人 5 汤匙），食用色素。

活动概况

这个活动分几个步骤进行，如果教师和儿童一起操作效果会更好。在活动过程中，教师帮助儿童制作彩袋，并教导和支持儿童使用描述性语言。

活动过程

1. 请儿童量出 5 汤匙的玉米淀粉放入他们的袋子里。
2. 帮助儿童把水和食用色素加入袋子中。
3. 密封塑料袋并将袋中物体混合均匀。
4. 当水和玉米淀粉混合后，打开塑料袋，请每个儿童将油滴到混合物中。
5. 尽量把塑料袋中的空气挤出来并重新密封。
6. 请儿童将塑料袋平放在桌子上并晃动袋子里的混合物。
7. 通过提问鼓励儿童探究：从彩色塑料袋中你看到了什么？你能描述它的颜色吗？如果你把袋子静置 30 秒钟，里面的混合物会发生什么变化？你为什么认为液体会分离？

8. 如果教室中有可触及的窗户，可以用胶带将塑料袋平整地粘在窗户上，请儿童继续探索塑料袋中的液体。窗外的光线可以帮助儿童看清楚袋子里的混合物是透明的（油），混合物分离时是半透明的（水和玉米淀粉）。

活动记录

采用轶事记录法，将儿童参与实验的过程和他们使用的描述性语言记录下来。

活动延伸

这次活动可以延伸至科学区，请儿童制作“油–水观察瓶”。教师需要准备几个干净的 355 毫升～ 533 毫升的矿泉水瓶、食用油、有颜色的水，在瓶子中倒入 3/4 的水和 1/4 的油，把瓶盖粘住以确保密封。

穿透液体竞赛

创造性技能

- 探索
- 想象
- 交流与合作

活动主题

- 描述物质可观察的属性并依据这些属性给物质分类。
- 不同的属性适用于不同的探究目的。

活动目标

开展简单的实验，并对实验结果做出预测。

活动材料

人手一个相同大小的罐头罐或玻璃罐，人手一颗玻璃弹珠或塑料宝石，液体（水、玉米糖浆、食用油、糖蜜、蜂蜜），用来记录实验结果的纸张、铅笔。

活动概况

这个实验以小组形式开展且每个儿童都有一个罐子时效果最佳，因为要请他们一起操作，来进行一项公平的实验。公平的实验意味着每次只能改变其中一个因素，且同时保持所有其他条件不变。在这个实验中，只有液体的种类是可变化的因素，这意味着玻璃弹珠的大小及其掉落的时间必须是相同的。

活动过程

1. 向每个罐子中倒入等量的液体。

2. 将罐子彼此相邻放置，请儿童探索里面的液体，可以在每个罐子里放汤匙，请儿童轻轻搅拌每种液体，在搅拌的过程中发现哪种液体最容易搅拌，哪种液体最难搅拌。

3. 与儿童讨论这个实验，他们让手里的玻璃弹珠落入液体，看看哪个罐子里的弹珠最先到达底部。

4. 在让玻璃弹珠落入罐子之前，先让儿童在桌上练习让弹珠从手里落下，练习三四次。因为儿童还需要从相同的高度让弹珠落下，所以要请他们把拿着弹珠的手悬在罐子上面，并用另一只手握紧罐子。

5. 准备好以后，儿童让弹珠从手里落下，请他们仔细观察哪个罐子里的弹珠最先到达底部，哪个罐子里的弹珠最后到达底部。

6. 记录第一次实验的结果。

7. 再进行两次实验，看结果是否相同。如果所有的因素保持一致，结果应该相同。如果结果不同，请儿童思考他们是否进行了真正公平的实验。

8. 根据儿童的需要或意愿重复实验。一定要和他们讨论为什么弹珠在某些液体中沉得快，而在其他液体中沉得慢。将实验结果与儿童搅拌这些液体时的体验联系起来。

活动记录

对儿童开展公平实验的能力以及他们对液体的描述情况进行非正式观察，这有助于教师理解儿童对液体属性的认识。

活动延伸

可以通过改变液体的种类或落入液体中的物品来拓展本活动。鼓励儿童思考这些液体和物体的属性将如何影响实验结果。

相关儿童读物

Beaty, Andrea. 2016. *Ada Twist, Scientist*. New York: Abrams Books for Young Readers.

《科学家艾达·特维斯特》这本书是《工程师罗西·里维尔与建筑师伊

吉·派克》的后续，讲述了一个女孩坚持不懈解决科学难题的故事。艾达调皮捣蛋的探索趣事能让儿童捧腹大笑，她对周围世界的深入研究也能让儿童深受启发。

Ross, Michael Elsohn. 2007. *What's the Matter in Mr. Whiskers' Room?* Somerville, MA: Candlewick Press.

通过阅读这本书，儿童可以走进威塞克斯先生的教室，他们一整天都在科学区里探索教室里和操场上的各种物质。

Schuh, Mari. 2011. *All about Matter.* North Mankato, MN: Capstone Press.

本书探讨了物质的三种状态：固态、液态和气态。书中有许多与儿童日常生活相关的彩色图文，能第一时间吸引儿童的注意力。

第2章

物理科学：物理变化与化学变化

建构对物理变化与化学变化的理解

风和日丽的一天，我正观察幼儿园一个班的儿童在户外开展活动，他们看老师把一颗薄荷糖放进2升的可乐里。当可乐冒泡冲出瓶口时，孩子们兴奋得欢呼起来。回到教室后，我问一位幼儿："可乐为什么会冒出气泡，从瓶口冲了出来？"他回答了一个词："魔法！"幼儿最可爱的特征之一就是他们愿意相信魔法。相信魔法可以帮他们解释一些自己尚未完全理解的想法和概念。物理科学的很多学习体验都涉及了一些幼儿难以解释和理解的变化。

教师必须认识到幼儿会依赖这种类型的解释，所以与幼儿讨论类似于薄荷糖、可乐之类的实验是非常重要的。让幼儿观看令人兴奋的实验虽然很有趣，但对于他们理解物理科学并不会起到太大的作用。从幼儿的已有经验出发，提供机会让他们用熟悉的材料进行实验。幼儿就可以探究物质在一起会发生什么并观察物质的反应。既动手又动脑的活动方式需要幼儿引入、探索、解释、迁移和评价他们的思考和体验。

理解物理变化与化学变化

物质指任何具有质量并占据一定空间的事物。物质由称为分子和原子的细小微粒构成。分子和原子组成了物质的三种常见状态：固体、液体以及气体。固体可以保持自己的形状。大多数固体中的微粒紧密地堆积在一起，而且很多固体很难被压缩（想象一下用手压扁一块积木）。液体可以被人们从一个容器倒入另一个容器并变成所在容器的形状。大多数液体微粒的堆积密度低于固体，这意味着它们可以动来动去。固体很难被压缩，液体也很难被压缩（想象一下，如果你试图压缩杯子中的液体会发生什么情况）。气体中的原子和分子比固体或液体中的微粒分散得多，所以它们可以自由移动。气体可以充满任何容器，并且很容易被压缩。

可以根据物质的物理和化学属性对其进行分类。物理属性是指物质在其成分不发生改变的情况下可被观察或测量的特性（大小、形状、颜色、质地、硬度等）。化学属性只有在改变物质的化学特性时才能观察到。两种物质混合在一起形成新的物质就产生了化学变化，这不同于物理变化。物理变化，即只改变物理形态但仍然保留其原始属性——冻结成冰的水可以恢复原状。有四个线索可以帮助我们确定物质是否发生了化学变化。

- 有气体形成，发出嘶嘶声，产生气泡。
- 反应产生热、光或气味。
- 产生颜色的变化。
- 反应导致固体形成。

探索的循环：物理变化与化学变化

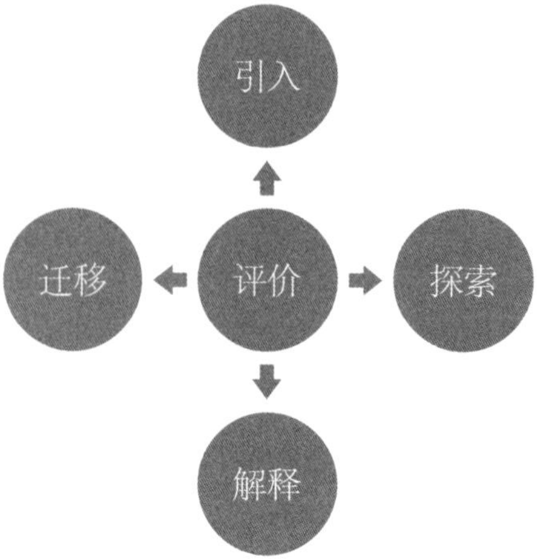

引入

适合引入的问题：物理变化与化学变化

可以通过以下问题来激发儿童的兴趣：

- 当我们把这两种物质混合在一起时，你认为会发生什么？为什么？
- 你以前见过这样的物质吗？
- 你觉得这种物质摸上去感觉怎么样？闻起来像什么？
- 你能否用一个词来形容这种物质？

探索

吸引儿童进行探索：物理变化与化学变化

当儿童在探索周围世界时给予帮助，在教室里提供场地以便儿童开展以下活动：

- 观察并进行简单的实验。
- 在教师的关注下触摸、闻以及动手操作。
- 将对实验结果的观察用绘画或书写的方式记录下来。

解释

提供解释的机会：物理变化与化学变化

使用以下建议来帮助儿童对集体活动中的内容进行更深层次的思考和探究。

- 在教室里展示列出了固体、液体、气体属性的表格。
- 展示有儿童的对话和尝试结果的实验图片。
- 通过集体谈话环节与儿童一起讨论物理变化或化学变化。
- 鼓励儿童在他们的科学记录本里绘画、书写并进行评论。
- 把集体活动中对物质是否融化、是否可以混在一起的探索结果绘制成表格。

迁移

科学区的经验迁移：物理变化与化学变化

可以使用以下思路鼓励儿童继续深入学习：

- 制作简单的科学观察瓶（水和油、水和沙、水和光）。
- 根据儿童的兴趣反复进行实验。
- 根据固体、液体、气体的属性对材料进行分类。

评价

记录非正式评价：物理变化与化学变化

使用以下建议帮助儿童在探索过程中评价自己的学习：

- 设置集体回顾环节。
- 为儿童的家人和朋友创设“科学之夜”。
- 用记录面板展示主要探究项目。
- 展示儿童的学习档案。
- 根据儿童的奇思妙想，让他们参与课程计划。

物理变化与化学变化的核心概念

物理变化的特性

没有生成新物质的变化，只是物质在外形和状态方面发生了变化。存在不同种类的物质，其中许多物质既可以是固体也可以是液体，具体取决于该物质所处环境的温度。我们能根据可观察的属性对物质进行描述和分类。不同的属性有不同的作用。

化学变化的特性

加热或冷却物质可能会引起可观察的变化。有时这些变化是可逆的，有时是不可逆的。

来源：美国《下一代科学教育标准》(*Next Generation Science Standards: For States, By States.*)

有助理解的班级教学案例：会生长的晶体

桑迪老师正向她班级的儿童介绍一个科学和视觉艺术综合的项目，孩子们将一起制造晶体。这个项目将持续几天，这可以让他们有机会观察到物质随时间而发生的变化。

全班儿童都聚集在一个大托盘旁边，桑迪老师在托盘中放置了四个玻璃罐。她给孩子们展示用来制造晶体的材料——热水、食用色素以及一种被称为爱普生（Epsom）盐的特殊盐。她拿了一块盐让儿童传看，他们可以比较这种特殊的盐和食用盐的差异。儿童注意到爱普生盐的颗粒更大。桑迪老师请四个孩子在每个罐子里挤几滴食用色素。之后，桑迪老师小心翼翼地向每个罐子里倒入 1/2 杯热水，然后孩子们看着色素与水快速混合在一起。接下来，桑迪老师又请四个孩子加 1/2 杯爱普生盐到每个玻璃罐里，儿童轮流搅拌直到爱普生盐基本溶解。她请儿童依次走近仔细观察每个玻璃罐，并朝着罐子里面拍照，接下来的几天，这些照片将帮助儿童观察和比较晶体随时间而发生的变化。桑迪老师把这些玻璃罐放进冰箱并告诉他们——在接下来的这一周里他们每天早上都要来观察晶体的变化。第二天，全班儿童仔细观察之后发现玻璃罐里的晶体相互交织在一起，而且变得越来越多。

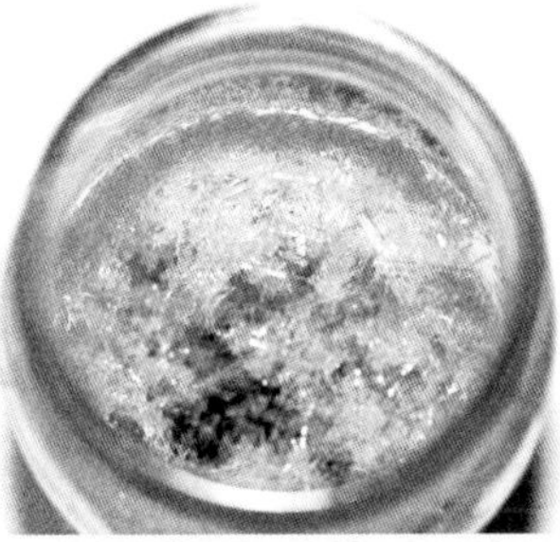

反思

在这个活动中，桑迪老师让儿童参与晶体罐的制作并将晶体罐用于日常观察。当老师带着儿童做一个为期较长的项目时，记录变得非常重要，例如桑迪老师给玻璃罐拍的照片，可以帮助儿童回顾以前的观察发现。老师可以每天使用这样的照片来帮助儿童对第二天晶体可能出现的变化进行比较和预测。这个活动中的探究包括让儿童观察、探索、提问、预测、使用简单工具，以及进行简单的科学调查。

将物理变化与化学变化融入活动的小贴士

有关物理变化和化学变化的学习需要在教师的密切监督下进行，既可以进行小组活动，也可以开展集体活动。因为许多实验都需要成人的监督和参与，教师可以鼓励家长在家中和孩子一起再次进行教室里开展过的活动。给家长提供详细的步骤说明和活动要领会有助于家长和孩子在家中共同实验。家园共育有助于鼓励儿童和家人分享他们的知识。务必与家长和照料者保持密切联系，以便了解他们在家中进行实验的结果，同时也鼓励家长对儿童所学的科学领域的内容进行提问。

活动方案

探索物体的黏性

活动主题

存在不同种类的物质，其中许多物质既可以是固体也可以是液体，具体取决于温度。根据可观察的属性对物质进行描述和分类。

活动目标

测量、混合以及揉捏各种类型的面团或黏土。

创造性技能

- 探索
- 有策划的规划
- 记录
- 交流与合作
- 独特的问题解决能力

活动材料

普通面团

2 杯普通面粉、1 杯盐、1 汤匙油、1 杯冷水、2 滴食用色素。

起泡面团

这种面团既可以用一种颜色做一大块，也可以用多种颜色做若干小块。做一小块起泡面团的材料需要 1/2 杯面粉、1/2 杯小苏打、2 汤匙油、3 ~ 5 滴食用色素、1/4 ~ 1/8 杯醋。

混合饮料面团

2 杯面粉、1 杯盐、1 袋冲泡饮料（无糖）、1 杯热水。

活动概况

用这些材料和面能让儿童全身心地参与，因为不需要用微波炉或炉灶来烹饪。教师在制作面团时，邀请儿童以两两结对或小组形式与教师一起动手操作。鼓励儿童测量和混合配料。当他们把各种配料加入面粉时，教师可以问一些提示性的问题，比如：当我们加入这种配料时，面团会发生什么变化？面团现在看上去是什么样的？面团现在闻起来怎么样？

活动过程

制作普通面团

1. 混合面粉和盐。
2. 加水、食用色素和油，搅拌直至完全混合。
3. 将面团从搅拌碗中取出并揉成柔软的面团。如果太软，可以再加一点面粉（一次一茶匙）。

制作起泡面团

1. 先在一个小碗中混合食用油和食用色素，搅拌直至混合。
2. 加入面粉并充分搅拌。
3. 加入小苏打，搅拌直至混合（这将是比较粗糙的混合物）。

4. 将醋慢慢地倒在混合物的顶部，也可以事先把醋放在量杯里或喷瓶中，这样更便于儿童操作。当化学反应发生之后，儿童就可以用手揉捏混合物，这时混合物的质地会像面团一样，也可能会更软。

制作混合饮料面团

1. 将面粉、盐、冲泡饮料粉加入碗中，搅拌直至混合。

2. 慢慢加入热水并小心地搅拌直至混合。

3. 将面团从搅拌碗中取出并揉至柔软。面团如果太软，可以再加一点面粉（一次一茶匙）。

4. 做好面团后，一定要请儿童描述他们所看到和闻到的，以及面团摸上去的感觉。

活动记录

当和儿童一起制作面团时，可以对他们遵循指示和小组合作的能力进行非正式观察。你也可以记录下儿童对问题的回答和他们的观察，以便计划接下来的活动。

活动延伸

面团做好以后，可以将其放在沙盘中、水盘中或小桌上供儿童进一步探究。这次活动之后，可以在教室里提供更多需要按步骤完成任务的活动（这是进行科学实验的重要环节）。简单的烹饪活动，例如制作糖饼干，将有助于幼儿遵循指示开展小组合作，并观察物质的物理反应。

弹力球里的科学

活动主题

存在不同种类的物质，其中许多物质可以是固体或液体，具体取决于温度。根据可观察的属性对物质进行描述和分类。

创造性技能

- 探索
- 交流与合作
- 独特的问题解决能力

活动目标

对各种物质进行测量和混合以制作自己的弹力球。

活动材料

3 汤匙玉米淀粉（每个球所需的量）、水、食用色素量杯（量取湿配料用）、量匙（量取干配料用）、可用于微波炉的小杯子或搅拌碗、搅拌勺、储物塑料袋、微波炉。

活动概况

这个实验有很多步骤，需要教师全程参与和监督。让儿童两两一组或小组合作是最好的活动形式。

活动过程

1. 询问儿童是否曾玩过弹力球，能否描述弹力球是如何运动的。请儿童与教师一起在这个实验中制作自己的弹力球。

2. 请儿童为他们的球选择颜色。

3. 量取 3 汤匙玉米淀粉、1 汤匙和 1 茶匙水，以及 2 ~ 3 滴食用色素，将它们放在搅拌碗中。

4. 请儿童搅拌混合物，直到混合均匀为止，混合物搅拌起来会比较费力。

5. 在常规功率设置下，将混合物放入微波炉加热 20 秒。

6. 从微波炉中取出混合物，此时的混合物摸上去应该是温热的，而不是烫手的。

7. 加入一勺半茶匙水，搅拌均匀，此时混合物应该比较容易搅拌。

8. 鼓励一个儿童将混合物放在手中慢慢搓成一个球。如果混合物太干且球有裂纹，可以在裂纹处刷少量的水，让其静置一分钟以后再搓。

9. 作为最后一步，为了保持球的形状，用微波炉将搓好的球加热 15 秒。

10. 让小组中其余人重复以上过程。当球轻轻地落在桌子上时，它会反弹，但不鼓励儿童扔球。如果把球保存在塑料袋中可以在短时间内保持松软，但放一段时间之后球会变形，还需要重新再搓球。

活动记录

可以对儿童遵循指示和小组合作的能力进行非正式观察，也可以记录下儿童对问题的回答和他们的观察，以便计划接下来的教学活动。

活动延伸

可以鼓励儿童尝试用其他简单物质来拓展本次活动（例如黏性探索活动中的那些物质），这些物质在混合时会发生物理变化或化学变化。

颜色竞速

活动主题

加热或冷却物质会引起可观察到的变化。

创造性技能

- 探索
- 寻找解决方案
- 交流与合作

活动目标

进行一项简单的实验，并注意到液体在温、热、冷状态下的差异。

活动材料

3 个透明玻璃杯，热水、室温水、冷水各 1/2 杯，食用色素（三种水温全部选用一种颜色），可以读秒的计时器。

活动概况

这个实验最适合于集体活动，儿童将通过这个活动了解水温对分子的影响。

活动过程

1. 与儿童讨论水是如何由称为分子的微小颗粒组成的，这些颗粒我们虽然看不见但知道其存在。水中的分子一直在移动。在某个温度下水分子会比在其他温度下运动得快。告诉儿童今天他们将帮忙做一个实验来了解哪个温度下的水分子运动得最快。

2. 把室温的水倒进一个透明玻璃杯。

3. 请儿童预测往玻璃杯中加入食用色素后，水需要多长时间（几秒钟、几分钟）才会全部变色。

4. 往水中滴入几滴食用色素，观察色素在水中完全分散所需的时间。请儿童跟教师一起数计时器上的时间。

5. 当儿童在观察水中颜色逐渐分散的现象时，提醒他们一定不要摇晃或搅动杯中的水。

6. 再用热水按照相同的步骤做一次，请儿童预测热水中色素变化会比室温水快还是慢。

7. 注意色素在不同液体中扩散时间长短的差别，让儿童思考为什么热水的颜色会变化得更快。

8. 再用冷水按照相同的步骤做一次，请儿童预测冷水中色素的变化会比室温水（热水）快还是慢。冷水中色素变化需要更长的时间，所以要做好数分钟的准备，而不是数秒钟。

9. 当冷水中的颜色完全分散时，可以同时用三种温度的水再来试一次，这样儿童就可以观察和比较颜色在不同水温中的变化。

10. 实验结束时让儿童思考为什么热水总是变色最快（提示：液体分子活动得越快，稀释食用色素所需的时间越少，热水中活跃的液体分子有助于推动周围食用色素的分散）。

活动记录

实验过程中对儿童的预测和解释进行的非正式观察将有助于我们了解他们的学习情况。

活动延伸

可以尝试用其他液体来进行这种实验，如牛奶或透明的果汁，来看看液体的种类是否会影响实验结果。

分子运动游戏

活动主题

加热或冷却物质会引起可观察到的变化。

活动目标

了解分子在温、热和冷的液体中活动状态不一样。

创造性技能

- 探索
- 交流与合作
- 独特的问题解决能力

活动概况

完成颜色竞速实验之后再玩这个游戏效果最好，在教室中选择一个能够活动得开的区域让全班儿童一起玩。

活动过程

1. 让全班儿童站起来，告诉他们现在大家要“变成”分子。向他们解释，在温暖的环境中分子喜欢动来动去而且喜欢远离彼此。让儿童通过大步走、弹跳或跳舞来模仿分子。分子越受热，它们就运动得越快。

2. 请儿童模仿受热后的分子。

3. 接下来，儿童要变成寒冷环境下的分子。提醒他们：在寒冷环境中，分子喜欢抱在一起而且运动得很慢；周围越冷，分子就运动得越慢；当水结成冰时，分子运动得非常慢，但是并不会停止运动。

4. 请儿童模仿冻成冰的分子。

5. 给儿童一些提示，告诉他们该如何模仿。教师喊口令“热分子”“温分子”“冷分子”，儿童做出相应的动作。可以改变提示后再玩一次，先慢后快。

活动记录

游戏中对儿童动作进行非正式观察，这将帮助我们了解他们认识分子运动和温度之间关系的情况。

活动延伸

这个游戏可以拓展成扮演固体分子（紧紧地抱在一起），液体分子（分散一点但是都聚集在某一个区域），以及气体分子（分散到各个角落）的游戏。

气球吹起来

活动主题

将某些物质混合在一起会引起可以观察到的变化。有时这些变化是可逆的，有时是不可逆的。

创造性技能

- 探索
- 记录
- 交流与合作
- 独特的问题解决能力

活动目标

测量和混合物质，并观察其发生的变化。

活动材料

气球（每次一个），矿泉水瓶（干净的，约 500 毫升的矿泉水瓶），小漏斗（如果没有漏斗，教师可以用厚纸做一个），小苏打（每次 2 汤匙）、醋（每次 120 毫升），滴管或吸管（可选）、颜料（可选）。

活动概况

请儿童和教师一起来做这个实验，每次两名儿童。这是一个快节奏的实验，需要严格按照步骤来进行。

活动过程

1. 询问儿童是否曾经吹过气球或看过别人吹气球。问他们是什么让气球鼓起来。告诉儿童今天他们要吹气球但不能用嘴。他们将通过混合醋和小苏打来看看能否把气球吹起来。

2. 让儿童思考小苏打和醋相遇会发生什么，是否可以把气球吹起来。

3. 使用漏斗将小苏打倒入气球（需要两个人来操作，一个人撑开气球的

“嘴巴”，另一个人将小苏打倒入气球）。

4. 使用漏斗将醋滴入矿泉水瓶。

5. 小心地将气球套在矿泉水瓶口上，注意这时还不能让小苏打落入醋中。

6. 当把气球牢牢地固定在瓶嘴上之后，握住气球并让小苏打落入醋里。

7. 观察这时的化学变化和气球的变化。

8. 让儿童思考这两种物质混合在一起产生了什么会把气球吹起来。向儿童介绍“气体”这个词，然后重复这个实验来强化他们的想法和观察。一个极好的后续讨论问题是请儿童思考“为什么气球最后停止了膨胀”。提醒儿童注意瓶子底部的液体——“还能看到气泡吗？还是气泡不再出现了？”

活动记录

对儿童在实验过程中动作的非正式观察有助于教师了解他们对气体的认知程度。

活动延伸

这个活动可以延伸为探索其他产生气泡的实验。对于颜色气泡实验，教师可以添加少量食用色素到小苏打中并混合均匀。请儿童使用滴管或吸管将醋滴入苏打混合物中。当颜色产生并且气泡停止出现时，儿童可以用混合物来绘画。

相关儿童读物

Bradley, Kimberly Brubaker. 2001. *Pop! A Book about Bubbles.* New York: Harper Collins.

这本有彩色图片的《砰！关于泡泡的书》探索了气泡是如何产生的，为何气泡会浮起来，以及导致气泡破裂的原因。书的最后附有自己制作气泡的步骤说明。

Carle, Eric. 1992. *Pancakes, Pancakes*! New York: Simon & Schuster.

当杰克和妈妈一起制作早餐煎饼时，他对烹饪过程中发生的物理变化（把鸡蛋敲开，把小麦磨成面粉）和化学变化（烧木头做饭，煮面糊做煎饼）非常感兴趣。

Dr. Seuss. 1949. *Bartholomew and the Oobleck.* New York: Random House

凯迪克大奖获奖作品，《巴塞洛缪和欧不裂》与苏斯博士的许多经典著作的不同之处在于这是一本散文。这本书比较长，可以花好几天的时间与儿童一起阅读。他们会喜欢这个关于制作欧不裂的故事，它是一种黏糊糊的绿色物质，覆盖了巴塞洛缪市。参照这个故事，我们可以用以下这个简单的方法与他们一起制作欧不裂。

[附] 制作欧不裂[1]的方法

需要准备

1 杯水、1 ～ 2 杯玉米淀粉、搅拌碗、3 ～ 5 滴绿色的食用色素、勺子。

制作过程

1. 将食用色素滴入水中。

2. 将一杯玉米淀粉倒入碗中。慢慢地加入食用色素水，搅拌直到混合物变硬为止。

3. 如果混合物太稀需多添加一些玉米淀粉，如果混合物太稠需多添加一些水。倒入水后要慢慢搅拌。

4. 继续添加更多的水，直到你用手拍混合物时感觉它变稠为止。

1　欧不裂是一种非牛顿流体，这意味着它的状态取决于受力情况。如果施加压力，混合物会变硬。如果移除压力，混合物会变软。

第3章

生命科学：生长与变化

对生长变化的了解有助于建构生命科学经验

生命科学中的生长与变化是儿童生来就感兴趣的重要主题。儿童喜欢观察植物和动物的生长与变化。教师但凡在班内提起小狗、小猫之类的话题，就会发现儿童非常兴奋。动物宝宝是教师介绍有关小动物如何成长这一主题的一个非常自然的切入点。我们可以在儿童与生俱来的好奇心的基础上拓展他们对动植物的日常观察。

理解生长与变化

植物有基本的需求——空气、水、阳光以及适宜的温度，只有满足了这些需求，植物才能存活，才能发育成熟。植物的不同部位（根、叶、茎、花以及种子）发挥着不同的作用，都对植物的生长做出贡献。植物的根从土壤中吸收水分和养分（食物）。植物的茎使植物保持直立，其木质部和韧皮部（运输组织）输送根部带来的水分和养分。植物的花是植物的生殖中心。植物的叶子能吸收阳光并交换气体——氧气用于呼吸作用，二氧化碳用于光合作用，光合作用是利用阳光将二氧化碳和水合成为食物的过程。同植物一样，动物也有基本需求——空气、水、食物以及安全的栖身地。动物像植物一样，也是生长和变化的生物。动物，包括人类，拥有与父母非常相似的后代，需要父母的呵护才能成长。动物受环境的影响，其行为受到所处环境生存条件的影响，例如，为了生存，有些鸟类在冬季要迁徙到温暖的地方。

探究的循环：生长与变化

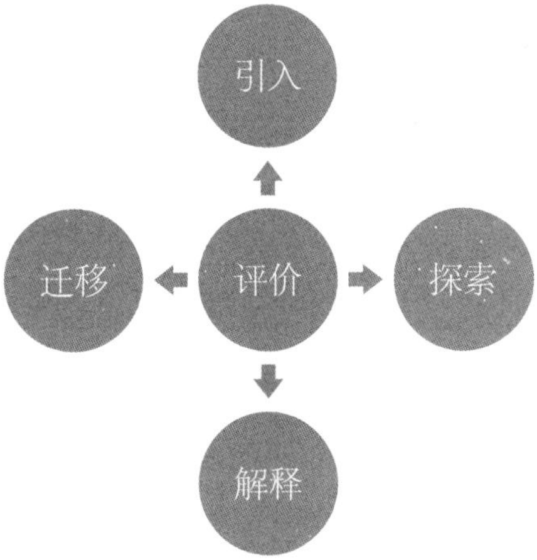

引入

适合引入的问题：生长与变化

可以通过以下问题来激发儿童的兴趣：

- 你对这种植物了解多少？你能告诉我们哪里是茎（叶、花）吗？
- 你以前见过这样的种子吗？

- 你觉得小鸡摸起来是什么感觉？小鸡的叫声是什么样的？
- 你如何向一个从未见过树的人描述一棵树的样子？

探索

吸引儿童进行探索：生长与变化

当儿童在探索周围世界时给予帮助，在教室里为儿童开展以下活动提供场地：

- 种植、观测并照顾各种植物（室内或室外）。
- 探索植物花卉草木的不同部位。
- 把对植物生长的观察画下来或者写下来。
- 阅读有关不同种类动物的图片和书籍。

解释

提供解释的机会：生长与变化

使用以下建议来帮助儿童对活动中的内容进行更深层次的思考和探究：

- 展示植物生长与变化的图片。
- 计划集体谈话环节，与儿童一起讨论随时间观察到的植物的变化。
- 鼓励儿童在他们的科学记录本里绘画、书写以及进行评论。
- 展示小动物与其父母配对的图表，这些图表还可以包括有关栖息地和生存需求的信息。

迁移

科学区的经验迁移：生长与变化

使用以下思路鼓励儿童继续深入学习：

- 计划种子探究活动。
- 每天观察植物生长。
- 使用测量工具来跟踪记录儿童在一年中的成长变化。

评价

记录非正式评价：生长与变化

使用以下建议帮助儿童在探索过程中评价自己的学习：

- 设置集体回顾和反思环节。
- 为儿童的家人和朋友创设“科学之夜”。
- 用记录面板展示主要探究项目。
- 展示儿童的学习档案。
- 基于儿童的奇思妙想，让他们构思下一步探究计划。

生命科学中的核心概念：生长与变化

了解生态系统

- 所有的动物都需要食物才能生存和生长。动物从植物或其他动物那里获取食物。植物需要水和阳光才能存活和生长。

- 生物需要水、空气，以及来自土壤的资源，它们生活在能满足自身需求的地方。人类所做的一切都需要利用自然资源。

来源：美国《下一代科学教育标准》(*Next Generation Science Standards: For States, By States.*)

有助于理解的班级教学案例：探究植物的根

大约八周前，卡伦和班上的每个小朋友都种了万寿菊种子，全班都在认真观测每株植物的生长。每周卡伦都在植物记录本中把他的观察发现画下来。在画了一两周万寿菊的花之后，卡伦问老师斯宾塞他是否能看看植物的根。斯宾塞老师和卡伦围绕植物娇嫩的特性及其每个部位的功能展开讨论。斯宾塞老师问卡伦，如果他知道把植物从土里取出来以后不能再放回去，他是否还愿意把他种的万寿菊从土壤里取出来让大家认识这株植物的各个部位。卡伦认为他已经准备好了，他想看看这株植物的根并触摸它们。他兴奋地想知道植物的根摸上去会是什么感觉，并相信“它们摸上去也许像头发一样”。他把好朋友马库斯叫到桌前并兴奋地告诉马库斯——斯宾塞老师要帮他把万寿菊从土壤里取出来，这样他们就能看到和摸到植物的根了。斯宾塞老师拿着一个大托盘和一些木棍回到科学区。她请卡伦扶住万寿菊的花盆，接着她小心翼翼地将植物拉松。当这株植物被完好无损地从花盆中取出来时，两个小男孩都发出“噢”的惊叹声。斯宾塞老师将这株植物摆在托盘上，并演示如何用木棍小心地把植物连根从土壤中取出。

两个小男孩一起把土壤刨松，刨土的同时，卡伦小心翼翼地抚摸着万寿菊的根，发现它们并没有他想象的那么细。他声称这些根摸上去像“花的根”而不像其他任何东西。斯宾塞老师走过来看看他们的进展并给了一个小的放大镜，以便他们可以更仔细地观察。斯宾塞老师提醒卡伦在离开科学区之前要把他观察到的根画在植物日志中。其他孩子也纷纷过来抚摸万寿菊的根，并帮助卡伦把根周围的土壤弄下来，而卡伦则认真仔细地把他的万寿菊再画一遍。

反思

在这个活动中，卡伦能够持续几周观察植物从种子到开花的生长过程。像这样的亲身体验非常宝贵，因为每过一周，卡伦对植物需求和结构的认识就通过观察而不断加深。斯宾塞老师做了一个重要的决定，就是鼓励儿童每周把他们的观察结果记录在科学记录本上。这将帮助他们回顾并追踪植物随时间推移而产生的生长变化。与此同时，斯宾塞老师对卡伦想取出万寿菊来研究它的根这一想法持开放态度。这样做使卡伦、马库斯和其他孩子能够亲自观察植物的根系，在整个种植过程中拓展了他们的学习。这个活动中的探究包括让儿童观察、探索、提问、预测、使用简单工具以及进行简单的科学调查。

将生长与变化融入活动的小贴士

生长与变化的学习体验很自然地会与数学学习联系起来，当儿童测量植物的生长并对种子进行分类时，他们会运用测量和分类的技巧。寻找与数学融合的学习体验非常有价值，这样有助于加深儿童的学习。鼓励儿童把他们测量和分类的结果记录在科学记录本上将有助于他们追踪自己的学习，帮助自己和同伴看到自己对植物的理解和认识。请务必给儿童充足的时间把他们的理解写下来或画下来——记录是探究循环的重要组成部分，它还可以帮助儿童了解如何与他人分享自己的想法。

活动方案

种子探索与匹配

创造性技能

- 交流
- 交流与合作

活动主题

植物从种子开始生长，每粒种子只会长成某种特定类型的植物。

活动目标

探索各种各样的种子以及相关的水果或蔬菜。

活动材料

各种便于儿童切开后进行探索的水果和蔬菜（安全注意事项：在选择种子进行探索时，牢记儿童的年龄和发展水平，以避免意外误食情况的发生，另外，还要注意食物过敏的情况或其他情况；大小不一的水果和蔬菜种子包括有籽葡萄、苹果、橙子、小南瓜或者金瓜、石榴、草莓和鳄梨等），放大镜，一小碗水，小勺子，纸或毛巾，供儿童探索每种水果或蔬菜的小碗，切菜板和刀（仅限成人使用），数码相机（用于记录），科学记录本和铅笔。

活动概况

这是一项非常适合在科学区或一张桌子旁开展的探究活动，儿童可以两两一组或者以小组形式共同开展探究，教师也可以带领全班儿童一起开展探究。如果这是班上的儿童第一次开展这种类型的探究活动，则需要适当控制水果、蔬菜的数量。教师甚至可以选择每天探索一种水果或蔬菜，持续一周或更长时间。

活动过程

1. 首先传看未切开的水果和蔬菜，请儿童说出它们的名字，并预测这些水果和蔬菜的种子可能长什么样。

2. 问儿童一些可推动他们探究的问题——你认为这个南瓜有大种子吗？它们会是什么颜色的？为什么你这么认为呢？你以前见过石榴里面是什么样的吗？

3. 当儿童探索完每一种水果之后，切开水果给他们观察，让他们验证自己的预测是否正确。

4. 告诉儿童将会把这些水果和蔬菜放在科学区，他们可以进一步探究。在科学区投放切好的水果、小汤匙（用于取出种子）、一小碗水（用于清洗种子）、纸或毛巾（用于擦干种子和手）、空碗（用于收集种子）以及放大镜。

5. 请儿童从每个水果中收集种子，然后清洗它们，并将它们放在碗里。鼓励儿童把每种水果的种子放入另一个碗中，以便将它们干燥并用于其他儿童的探究。儿童可以在他们的科学记录本里通过绘画来表征种子和果实。

活动记录

采用轶事记录法记录儿童的观察发现，还可以通过科学记录本中儿童的记录来了解他们对种子的认识和理解。

活动延伸

可以把种子放在科学区供儿童进一步探究，也可在种子旁边投放水果的图片以提醒儿童种子与果实之间的联系。

认识植物的根系：芹菜实验

活动主题

植物需要水才能生存，而根系能把水分带给植物。

创造性技能

- 探索
- 想象
- 记录
- 交流与合作

活动目标

参与一个简单实验的组织与观察，探索根系如何把水分带给植物。

活动材料

食用色素，带叶子的芹菜茎（每种颜色需要 1 ~ 2 根芹菜茎），水，透明玻璃罐、厚塑料罐或花瓶（在本实验中，每种颜色需要一个罐子，建议使用两种或多种颜色，以便儿童能观察到差异），科学记录本，彩色铅笔或记号笔，剪刀（成人使用），数码相机。

活动概况

这是一个经典的科学实验，可以持续三天时间。教师可以带领全班儿童或几组儿童开展实验，但务必将罐子放在教室某个合适的地方，以便儿童可以在不摆弄芹菜罐的情况下进行观察。

活动过程

1. 活动开始之前，从芹菜的主干中剪下几根带叶子的芹菜茎。如果事先已经掰好芹菜茎了，那要在距离底部约 1.3 厘米处进行修剪。

2. 请儿童传看并探索芹菜茎，如果没有食物过敏或食物限制的问题，请他们尝一尝尚未剪切的芹菜。

3. 花时间与儿童讨论植物如何获得水分，请他们说一说自己所知道的。

4. 把一杯水倒入透明的罐子或花瓶中。

5. 请儿童滴 4 滴食用色素到罐子里，并小心搅拌直至色素完全溶解在水中。实验中如果还需要其他颜色，每种颜色都按照这个步骤来做。（提示：黄色和绿色在芹菜茎和叶子中比较难看出来。）

6. 请儿童在每个罐子里放 1 ～ 2 根芹菜茎。

7. 与儿童讨论芹菜茎和芹菜叶会发生什么变化。用提示性的问题鼓励儿童解释自己的想法，例如："你能不能告诉我们为什么会这样呢？你为什么这样认为呢？"

8. 实验的第一天，请儿童每隔一段时间进行一次观察。每隔三个小时观察一次就能看到一些变化。比较明显的变化要在做完实验的 24 小时之后，以及再过 48 小时之后才能看到。鼓励儿童把每一次的观察所得画或写在科学记录本上，以便他们进行回顾。你也可以拍摄一些照片，在后期打印出来放在科学区供儿童观察和对照实验结果。

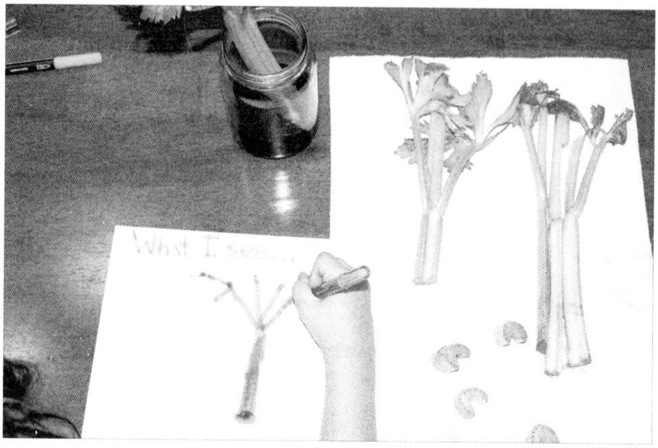

活动记录

儿童在科学记录本里会记录他们对芹菜茎和芹菜叶颜色变化的观察和认识。

活动延伸

这次活动可以延伸至科学区，当芹菜叶变色以后把芹菜放到科学区供儿童进一步观察，还可以把芹菜的茎竖切和横切，以便儿童看清楚水分如何从茎传输到叶。

植物种植记录：从种子到开花

活动主题

植物需要水分、营养物质以及阳光才能生存和生长。

创造性技能

- 探索
- 想象
- 记录
- 交流与合作

活动目标

仔细观察并记录植物的一生。

活动材料

种子（可以选在室内能迅速生长的植物种子，如菜豆、西葫芦、萝卜、鱼尾菊、生菜、万寿菊和紫苏）、装有土壤的塑料杯、植物观察记录本（要有足够的页面供儿童使用，每周完成 2 次观察，持续 4 ～ 6 周）。

用于记录的其他材料或媒介，如各种记号笔、蜡笔、彩色铅笔、数码相机、放大镜、尺子或非标准测量工具，以及帮助孩子给颜色命名的色环。

活动概况

这是一个长期的项目，所以有必要先向儿童解释在接下来的几周里他们将要做什么。

活动过程

1. 首先请儿童探索他们将要种植的种子。他们可以选择种植一种植物，从记录他们选择的种子长什么样开始。

2. 演示种植过程并请儿童种植他们的种子（通常至少种 3 粒种子在一个杯子里，这样成功发芽的概率较高）。

3. 把种子放在教室里某个合适的区域——这个区域既要光照充足，又要便于儿童每两周观察一次种子的生长情况，而不会过多地干扰它们。

4. 务必请儿童分享他们在种植项目中的观察发现，以保持他们对该项目的兴趣。

活动记录

儿童的观察记录可以作为他们学习过程的档案，同时教师可以进行非正式观察，记录儿童在种植项目中的讨论和对植物的观察。

活动延伸

这个活动可以延伸为请儿童把花种到班级的小花园里，或者把植物带回家去种，或者切开这些植物进行更细致的探索。

[附] 植物观察记录本范例

种植项目

姓名：__________　　日期：__________

今天我把__________________种到土里去了。

我的__________________发芽了！

它有__________________高。

它是__________________颜色的。

我的观察：	我的预测：

动物宝宝和它们的妈妈：配对游戏

活动主题

动物宝宝具有与它们的父母相似的特征。

创造性技能

- 探索
- 寻找解决方案
- 想象
- 有策略的规划
- 交流与合作

活动目标

参与一个配对游戏，完成动物宝宝和它们妈妈的配对。

活动材料

约 8 厘米 × 13 厘米或 10 厘米 × 15 厘米大小的动物宝宝及其父母的图片（至少需要 10 张图片，以便进行一对一匹配）。

活动概况

这个游戏儿童可以独自玩，也可以两两结对或以小组的形式玩。儿童通过图片配对来学习有关动物的知识。如果这是儿童第一次玩这样的游戏，一起做几次热身练习会比较有帮助。

活动过程

1. 游戏开始之前与儿童讨论物品的匹配。尤其是与儿童讨论这个游戏的要求，即把一个动物宝宝和它的父母匹配起来。可以考虑以下问题：这个动物宝宝是谁？你是怎么知道的？当你比较动物宝宝与它的妈妈时，动物宝宝的哪些地方长得像它的妈妈呢？

2. 请将所有的图片正面朝下摆放。

3. 请一名儿童翻开一张图片，然后翻开另一张图片来尝试一次配对。

4. 如果不匹配，把两张图片都翻过来，再请另一名儿童试一试。确保他们有足够的空间摆放匹配好的图片。

活动记录

可以采用非正式观察儿童配对情况的方式来对他们的学习经验进行记录。

活动延伸

可以把这个配对游戏调整为请儿童将动物和它们的栖息地进行配对，例如某种鸟和它的巢穴，某种鱼和它生活的水域，等等。

相关儿童读物

Ehlert, Lois. 2004. *Pie in the Sky.* Boston, MA: HMH Books for Young Readers.

儿童可以跟随书中的父子在四个季节里一起观察后院的樱花树，书中的彩色插画展现出了每个季节的美丽。

Ghigna, Charles. 2012. *Little Seeds.* Bloomington, MN: Picture Window Books.

《小种子》是一本优美的诗集，所表达的是播种对地球是多么重要。

Michels, Dia. 2005. *If My Mom Were a Platypus: Mammal Babies and Their Mothers.* Washington D.C. : Platypus Media.

这本书分享了 14 对哺乳动物的亲子故事（包括人类），动物母亲如何喂养、引导、保护和教导她们的宝宝。每个哺乳动物的故事都很详尽，因此你可能会发现儿童喜欢一次听到一对动物母子的故事。

Wheeler, Eliza. 2013. *Miss Maple's Seeds.* New York: Nancy Paulsen Books.

《枫树姑娘的种子》分享了一位枫树姑娘叙述的故事，她收集并照顾那些掉落的种子直到春天万物生长。这本书不仅有色彩鲜艳的插画，还有一页描绘了 20 种植物的种子，从覆盆子到橡子，每个都栩栩如生。

第4章

地球科学：环境保护与可持续发展

培养儿童对环境保护与可持续发展的兴趣

儿童对保护环境非常感兴趣，因此，儿童早期阶段是开展关于节约、再利用、回收、环境保护以及可持续发展活动的理想时期。教师可以将这些概念贯穿于班级的一日生活中，比如：只带需要的东西来学校，重复使用纸张以及回收塑料制品，还可以如本章所描述的一样，通过有计划的教学活动来实现。爱护环境包括树立榜样、鼓励适当的行为，以及与儿童讨论他们怎么做才能保护环境。

理解环境保护与可持续发展

环境保护和可持续发展的三个“R”就是我们可以采取的具体措施：节约（Reduce）、再利用（Reuse）和回收（Recycle）。节约是减少我们产生的垃圾。

再利用是找到废旧物品重新利用的方式，避免它们最终成为垃圾。回收是利用垃圾制造出新的物品或者产品。回收是一个过程，也称为回收循环，循环开始于我们将需要回收的物品放到回收中心或回收箱，接下来这些物品被送到加工中心，在那里它们被分类并加工成原材料，然后原材料被卖给制造商，制造商利用它们制造出新的物品。当人们使用由回收材料制成的物品时，回收的循环也就结束了。可持续发展是指我们今天的需求不会给子孙后代满足他们自身的合理需求造成威胁。

探究的循环：环境保护与可持续发展

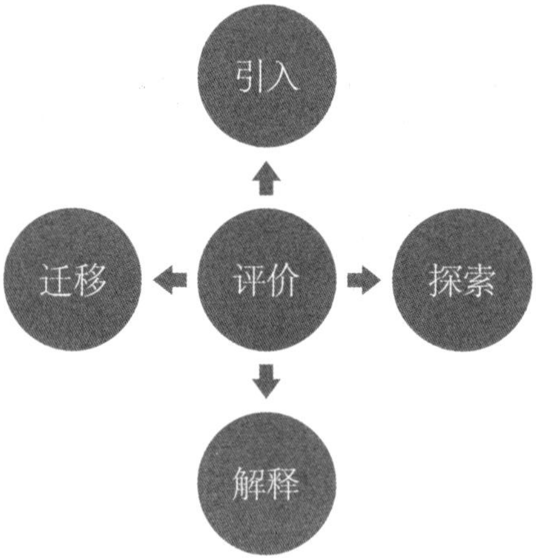

引入

适合引入的问题：环境保护与可持续发展

可以通过以下问题来激发儿童的兴趣：

- 这个物品可以回收吗？你是怎么知道的？
- 我们如何再利用这个物品？
- 我们还可以怎么用这个物品？
- 让我们一起来想一想可以用哪些方法减少纸张浪费。

探索

吸引儿童进行探究：环境保护与可持续发展

当儿童在探索周围世界时给予帮助，在教室里为儿童提供场地以便他们开展以下活动：

- 收集日后可以用不同方式重复使用的材料。
- 回收可以送去回收中心的纸张、塑料，以及玻璃物品。

解释

提供解释的机会：环境保护与可持续发展

使用以下策略来帮助儿童对活动中所涉及的内容进行更深层次的思考和探索：

- 展示可回收材料的图表。
- 展示儿童在操场上寻找可回收物品和清理垃圾的照片。
- 设计集体谈话环节，与儿童一起讨论垃圾回收。
- 鼓励儿童在他们的科学记录本里绘画、书写，以及进行评论。

迁移

科学区的经验迁移：环境保护与可持续发展

使用以下思路鼓励儿童继续深入学习：

- 将各种材料整理和分类为垃圾、可再利用物品，以及可回收物品。
- 计划物品再利用的学习活动，用丢弃的物品进行艺术创作和游戏。

评价

记录非正式评价：环境保护与可持续发展

使用以下建议帮助儿童在探索过程中评价自己的学习：

- 设置集体回顾和反思环节。
- 为儿童的家人和朋友创设“科学之夜”。

- 用记录面板展示主要探究项目。
- 展示儿童的学习档案。
- 基于儿童的奇思妙想，让他们规划下一步的探究计划。

环境保护与可持续发展中的核心概念

了解生态系统

- 植物和动物可以改变环境。
- 人类为了生活舒适所做的事情会影响周围环境。人类可以做出选择，减少对土地、水、空气和其他生物的影响。

来源：美国《下一代科学教育标准》(*Next Generation Science Standards: For States, By States.*)

有助于理解的班级教学案例：参观垃圾回收中心

丽莎所在的班级正在徒步参观学校附近的垃圾回收中心。孩子们排成两行，手拉手往前走。老师给每对儿童发了一个数码相机，用来记录在参观过程中的发现。丽莎的同伴乔纳森第一个拿到相机，他在去回收中心的路上拍了很多照片。走进回收中心之后，同伴间交换角色，相机被交给丽莎使用。她首先给堆放在入口处桌上的几大包易拉罐拍了几张照片。丽莎和乔纳森仔细聆听回收中心工作人员的讲解，包括如何分类和清洗干净这些易拉罐，清洗后将它们运到下一个回收中心进行高温处理，这些易拉罐熔化以后可以将它们制成其他物品。当儿童走出回收中心后，丽萨又把相机交给乔纳森，他马上给停在回收中心外面的一辆叉车拍了张照片。他兴奋地告诉丽萨，这个叉车也许可以把所有沉甸甸的易拉罐袋子拎起来。回到教室后，他们两两一组分享彼此在参观过程中拍的照片。丽萨和乔纳森继续谈论着他们看到的那些等待被回收的易拉罐。

反思

实地参观对拓展儿童在幼儿园（学校）中所学的知识非常有意义。实地参观，无论是亲自前往或是通过虚拟网络了解相关信息，都能够帮助儿童将自身的理解与教室以外的真实世界联系起来，建构有关社区中地点和事件的新知识。这次参观之前丽萨他们已经收集了一些可回收的材料，这次参观则向丽萨、乔纳森，以及其他孩子展示了回收循环后的一个环节，即使教师没有条件开展类似的实地参观活动，也可以通过与儿童讨论发生在家里和教室以外的垃圾回收过程或环境保护措施来帮助他们建构相关经验。

将环境保护与可持续发展融入活动的小贴士

与儿童探讨环境保护和回收利用的主题可以很自然地将他们与学校的其他工作人员联系起来。孩子们可以采访厨房师傅和管理人员，了解学校每天如何减少垃圾和回收物品。这些对话可以与儿童早期语言的发展联系起来，我们可以鼓励儿童把他们的想法写下来、画下来。与所有科学内容一样，科学记录有助于儿童通过写作和绘画分享他们的想法。来自儿童亲身体验的照片也可以放进科学记录本，这可以作为分享他们体验的另一种方法，从而支持他们的视觉交流。

活动方案

和朋友一起画画：纸的再利用

活动主题

废纸能够以新的方式被重复利用，以免最终成为垃圾。

活动目标

在与同伴的合作中学习纸的再利用。

活动材料

2 个箱子，废纸若干，记号笔、蜡笔、彩色铅笔。

创造性技能

- 探索
- 想象
- 记录
- 交流与合作
- 独特的问题解决能力

活动概况

向全班儿童介绍这个活动。他们将学习纸的再利用，并使用箱子进行分类。

活动过程

1. 先与儿童讨论他们通常如何处理废纸以及未完成的绘画作品。告诉他们：教室里现在有两个新的地方可以放这些纸张，这样大家就可以再次利用它们，而不是随手丢弃它们。

2. 请儿童分享他们对“再利用”的理解，说一说“再利用”是什么意思。

3. 向儿童介绍收集废纸的箱子，告诉他们这个箱子只放尺寸较大而且可以再利用的纸张。与儿童讨论在把这些废纸放入箱子之前要如何清理干净和晾干，拿几张纸做示范。

4. 向儿童介绍收集绘画作品的箱子。与他们讨论如何使用这个箱子来存放未完成的画作，以便其他人可以取出再利用。

5. 把这两个箱子放在儿童随手够得着的地方，并鼓励他们定期使用这些纸张。

活动记录

从儿童挑选适合再次利用的纸张和他们重复利用纸张的过程中了解他们的想法。

活动延伸

在教室里创设一个区域专门放置儿童用废旧纸张做成的艺术品。务必请儿童把对于作品的介绍张贴在作品旁边，以便其他人了解他们是如何重复利用纸张创作作品的。

神秘袋的再利用

创造性技能

- 探索
- 想象
- 记录
- 交流与合作
- 独特的问题解决能力

活动主题

再利用物品可以使其继续发挥作用并远离垃圾填埋场，这对土地、水、空气和其他生物都是有益的。

活动目标

积极思考把熟悉的物品进行再利用的新方法。

活动材料

一张大纸或一个大塑料袋，一些日常用品（每对儿童至少有一件物品），礼物包装纸，午餐袋，旧玩具，塑料罐，小纸盒，塑料瓶。

活动概况

儿童两两结对，共同思考出一种再利用所取物品的方法。

活动过程

1. 与全班儿童讨论并告诉他们今天的挑战任务。请儿童分享他们对物品再利用的理解和认识。将全班儿童分成两人一组，请每组儿童到前面来并从袋子中取出一件物品。当每组儿童都拿到一件物品时，鼓励他们思考有哪些方法可以使这件物品在教室里得到再次利用。当儿童在思考的时候，可以让他们在教室里走一走。教师也可以给他们一些建议或点子。
2. 教师可以鼓励儿童到美工区装饰他们手里的物品。
3. 将儿童集中起来，请每组儿童分享他们的想法。
4. 将这些物品放在儿童建议的地方，以便他们再次利用。

活动记录

对儿童的想法和他们选择解决方案的情况进行非正式观察，了解他们对物品再利用的理解。

活动延伸

这个活动可以重复多次，帮助儿童积累有关重复利用方法和问题解决方案的经验。

喷气背包的再利用

活动主题

可以重复使用材料，以减少对自然资源和其他生物的影响。

创造性技能

- 探索
- 想象
- 有策略的规划
- 交流与合作

活动目标

使用废旧材料设计和制作戏剧游戏中的道具。

活动材料

画纸和铅笔，喷气背包或其他太空装备的图片，可重复利用的物品（易拉罐，矿泉水瓶，废纸，废旧的绳子、麻线或绳索，各种尺寸的废旧纸），热熔胶枪（成人使用），厚胶带，颜料（可选）。

活动概况

儿童以两两结对或小组合作的形式，用独特的方式重复利用废旧材料制作喷气背包。

活动过程

1. 请儿童观看太空设备的图片，告诉他们接下来要以小组合作的方式用废旧材料制作喷气背包。

2. 鼓励儿童在画纸上画下喷气背包的草图。教师与每组儿童一起构思并制定计划。鼓励儿童思考他们将要使用材料的类型，以及这些材料要如何组合。

3. 当每组儿童都有了可行的计划以后，请他们收集所需材料并和教师一起制作喷气背包。当教师使用胶枪帮助儿童制作背包时，鼓励他们回顾自己的设计草图并思考材料放置的位置。

4. 当喷气背包的各个部分都粘好并干燥以后，儿童可以给它涂颜色或进行装饰。提醒儿童喷气背包比较容易被弄坏，一定要小心对待。

活动记录

儿童的设计草图和最后做出来的成品可以作为一种形式的记录，还可以采用非正式观察和轶事记录法，记录儿童的对话以及他们与同伴交流和合作的能力。

活动延伸

这个活动可以拓展成使用可再利用的材料（如儿童的美术作品）制作其他东西的活动。

可生物降解的花盆

活动主题

可以重复利用材料来减少浪费，这对土地、水、空气以及其他生物都是有益的。

创造性技能

- 探索
- 寻找解决方案
- 想象

活动目标

制作可生物降解的花盆，并在花盆里种下植物的种子。

活动材料

剪成两半的卫生纸卷筒（每个儿童一个），盆栽土壤，花的种子，剪刀。

活动概况

儿童将运用可重复利用的材料制作一个花盆。活动开始之前，在距离卷筒底端约 1/3 处的位置竖着画间隔均匀的 4 条线，每个卷筒都这样画。

活动过程

1. 与儿童讨论物品可以被重复利用的方法，并告诉他们今天将要重复利用一样东西——卫生纸卷筒，这样的东西绝大多数家里和学校都有。

2. 把卷筒发给儿童并让他们仔细观察画好的线。

3. 告诉儿童他们将沿着线把卷筒剪开做一个小花盆，然后在里面放上土并种一颗种子。种子开花的时候，他们可以把这个用纸做的花盆直接放进土里，因为卷筒可以被土壤降解。

4. 根据需要，协助儿童沿线把卷筒剪开。

5. 卷筒剪好以后，将剪开的边往里对折成花盆的底部，就像我们平时把纸盒的边合上一样。

6. 用盆栽土填充约 3/4 的卷筒，然后轻轻地压几下。

7. 请儿童放一些种子在卷筒里并轻轻地盖上土。

8. 将种好种子的卷筒纸花盆统一放在一个托盘里，浇好水。需要将卷筒完全浸湿并让它在整个种植过程中保持湿润。

9. 把这些卷筒小花盆放在光线充足的地方，让儿童在教室里能够很容易看到它们。

活动记录

对儿童的非正式观察以及与儿童之间的互动可以作为他们在这次活动中学习情况的记录。

活动延伸

这次活动还可以延伸至其他再利用项目，例如再生纸的制作。

相关儿童读物

Child, Lauren, and Bridget Hunt. 2009. *Charlie and Lola: We Are Extremely Very Good Recyclers.* New York: Dial Books.

作为查理和罗拉系列书籍的一部分，这本书聚焦于儿童如何进行回收活动，保护地球。书中还提供了许多回收利用的小点子，教师可以带班上的孩子尝试。

Johnson, Jen Cullerton. 2010. *Seeds of Change: Wangari's Gift to the World.* New York: Lee & Low Books.

《种子的变化》是诺贝尔和平奖获得者旺加里·马塔伊（Wangari Maathai）的自传。故事讲述了她的受教育历程，浅显易懂，适合孩子。从书中儿童将了解到对科学的热爱点燃了作者保护肯尼亚环境的决心。

Trice, Linda. 2016. *Kenya's Art.* Watertown, MA: Charlesbridge.

《肯尼亚的艺术》讲述了一个小女孩在博物馆参观《回收物品之旅》以后用废旧物品创作艺术作品的故事。儿童可以参考书中的点子利用自己的旧玩具或其他废旧物品进行艺术创作。

第5章 地球科学：地球与太空

可助儿童增长地球与太空知识的科学经验

对于周围的世界以及天空，儿童总是充满了兴奋之情并想要了解更多。空中的物体对儿童来说十分有趣。白天的云朵和太阳，夜晚的月亮和星星经常出现在儿童的艺术作品中。应该给年幼的儿童提供很多机会去探索自然世界。在日常生活中，儿童会很容易地探索地球上的自然资源——活动场上的泥土、海滩上的沙子、花园里的石头、公园里的植物，这些都是儿童乐于自发探究的。

理解地球与太空

地球是由土地、空气、水等组成的，这些资源都用于人类的日常生活。我们应该好好保护地球的自然资源——阳光、空气、水、植物、动物、土壤、石头、矿物和化石燃料，以便子孙后代使用。每天和每个季节发生的天气变化影响着地球上所有的植物和动物。科学家可以预测天气，他们被称为“气候学家”和“气象学家”。他们的工作能帮助我们应对天气变化对日常生活的影响。

夜晚来临时可以让儿童看看天空中的月亮和星星，而到了白天，儿童可以看到天空中的太阳、云彩甚至月亮。有关地球与太空系统的学习包括了解昼夜交替以及月相变化的成因。有四个最主要的月相：新月（这时月球位于地球和太阳之间，我们只能看到细长的月牙），满月（这时地球在太阳和月亮的中间，月球被太阳照亮的那一半正好对着我们），上弦月和下弦月（通常称为半月，这时太阳、地球、月球三者的相对位置大约成直角，因此在地球上只能看到月球的半个圆被太阳照亮了）。

探究的循环：地球与太空

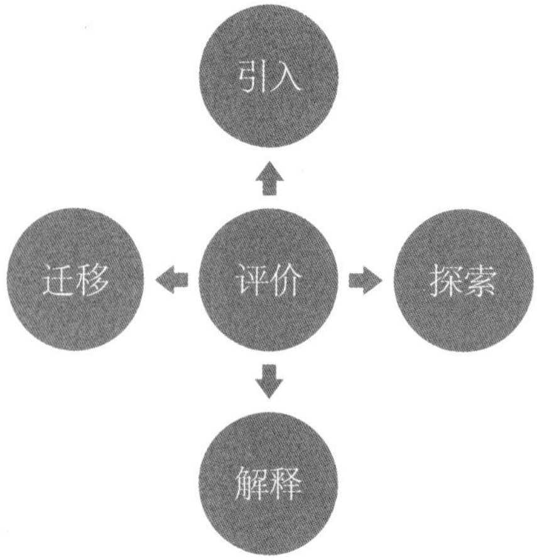

引入

适合引入的问题：地球与太空

可以通过以下问题来激发儿童的兴趣：

- 你在白天能看见月亮吗？

- 为什么现在你的影子这么长?
- 这些岩石哪些地方一样? 哪些地方不一样?
- 能否用一个词来形容这块岩石?

探索

吸引儿童进行探究：地球与太空

在儿童探索周围世界时给予帮助，在教室里为儿童开展以下活动提供场地：

- 根据物理属性（颜色、形状、质地、大小以及重量）给自然物进行整理、比较和分类。
- 探索在白天和夜晚的天空中可以观察到的变化。
- 探索天气随时间推移而产生的变化。

解释

提供解释的机会：地球与太空

使用以下建议来帮助儿童对活动中所涉及的内容进行更深层次的思考和探究：

- 在教室里展示自然材料的属性图表。
- 通过集体谈话与儿童一起讨论可观察到的天气变化情况。
- 鼓励儿童通过绘画和书写在科学记录本里记录他们对夜空和环境变化长期观察的发现。
- 把在集体活动中对天气变化、一日太阳位置和影子的变化、月相变化的探索结果绘制成表格。

迁移

科学区的经验迁移：地球与太空

使用以下思路鼓励儿童继续深入学习：

- 创设分类的活动，用各种各样的自然材料来探索大小、形状、颜色、质地、软硬等属性。

- 用手电筒探索光影。
- 提供地球和天空的图片，以便儿童在研究中使用。

评价

记录非正式评价：地球与太空

使用以下策略帮助儿童在探索过程中评价自己的学习：

- 设置集体回顾环节。
- 为儿童的家人和朋友创设“科学之夜”。
- 用记录面板展示主要探究项目。
- 展示儿童的学习档案。
- 基于儿童的奇思妙想，让他们参与课程计划。

有关地球与太空的核心概念

理解地球与太空

我们可以观察、描述并预测天空中太阳、月亮和星星的运动规律。

理解季节变化的规律

我们可以观察、描述并预测日出和日落的季节性规律。

理解天气与气候

天气是指某个地区在某个时间内阳光、风、雪或雨与气温的组合。人们测量这些气象要素，然后使用它们描述和记录天气，并注意天气随时间变化的规律。

来源：美国《下一代科学教育标准》(*Next Generation Science Standards: For States, By States.*)

有助于理解地球与太空的班级教学案例：我的影子

朱莉所在的班级已经花了很长时间学习有关太阳、星星和月亮的知识。他们正在操场上与同伴合作用粉笔画影子的轮廓。朱莉站着一动不动，样子有点夸张，她的朋友凯拉尼在操场的一块水泥地上画着朱莉的影子。凯拉尼对朱莉说影子画好了，这时朱莉转过身去看。两个小女孩看着地上的影子哈哈大笑。凯拉尼对朱莉说："好啦，轮到我了。我要站在你的影子旁边，那样我们的影子就可以一起玩了。"凯拉尼和朱莉小心翼翼地将两人的影子对齐。等到她们对两个影子的位置表示满意之后，朱莉拿了一支粉笔开始画地上的影子轮廓。画好轮廓后她们又开始给影子涂颜色，然后在操场上转了一圈，看了看其他小朋友画的影子。

反思

在积累了有关太阳及其在白天运动状况的学习经验之后，探索自己的影子可以作为这些学习经验的延伸。儿童可以相互合作、制定计划，而且不需要教师的协助。在科学探索活动中，我们要在教师协助下的活动与儿童独立完成的活动之间寻找平衡。通常情况下，因为操作材料和操作步骤复杂，开展科学活动需要更多的教师协助，但为儿童提供彼此合作且不需要教师直接参与的科学探索机会，有助于增进儿童的科学知识以及对自己动手操作能力的信心。

将地球与太空融入活动的小贴士

与地球和太空相关的学习可能需要更长的时间，因为这个内容中的核心概念涉及随时间推移而发生的变化。当儿童探索季节变化、天气以及夜空并制作项目记录时，教师会发现有很多机会可以将此内容与数学、社会、艺术、早期读写融合在一起。鼓励儿童用科学记录本来回顾他们长时间观察和学习的内容。在教室里开展长期的探究项目也可以请家长一起参与，这一定会非常有趣。在探究项目的开展过程中可以请儿童分享他们的观察记录，不一定要等到项目结束才进行。

长期项目：家庭月亮日志

创造性技能

- 探索
- 交流与合作
- 记录

活动主题

观察、描述并预测天空中太阳、月亮和星星的运动规律。

活动目标

用一个月的时间来观察和记录月亮的变化。

活动材料

科学记录本（有足够的页面能够让儿童把每晚的月亮画下来），铅笔。

活动概况

这个活动可以在家完成，因此只需要让儿童把科学记录本带回家（在本子上一块小小的地方写下日期，然后在很大的地方画当晚的月亮）。另外，还需要向家长说明情况，或者用《致家长的一封信》的方式把这个项目告诉家长。在秋季的季末开始计划这个项目，因为那时夏令时刚刚结束，儿童可以在上床睡觉之前观察月亮。

活动过程

1. 请家长每天晚上抽几分钟和儿童一起观察月亮，并鼓励他们把观察到的月亮画在科学记录本中。家长还可以在日志旁边写下儿童的想法，如月亮是什么样子的？为什么当晚没有看见月亮（多云的天空）？告诉家长如果偶尔错过了几个晚上的记录也没有关系，因为这个项目的关键在于用一个月的时间来探索月亮随时间流逝而产生的变化。

2. 当一个月结束时，请儿童把他们的科学记录本带到班级与同伴分享。让儿童展示他们在同一天观察和画的月亮，以便与同伴画的月亮进行比较。

3. 在教室里展示儿童画的月亮。

4. 请儿童分享他们在一个月的时间里所观察到的月亮的变化。

活动记录

儿童的科学记录本可以作为一种记录的形式。务必与家长保持联系，了解儿童在这个项目中的体验，家长的反馈也是宝贵的信息。

活动延伸

这个活动可以拓展为帮助儿童在他们画的月亮下面标明所对应的月相，可以在教室里悬挂月相的图表以加深他们的印象。

长期项目：季节变化

创造性技能

- 探索
- 想象
- 交流与合作
- 记录

活动主题

观察、描述和预测季节变化的规律。

活动目标

观察和记录一棵树在秋天的变化。

活动材料

科学记录本，彩色铅笔、蜡笔、记号笔，数码相机（可选），剪贴板。

活动概况

这个活动可以作为集体活动开展，在秋季大概需要 4～6 周的时间。需要在幼儿园内或幼儿园附近挑选在秋天叶子会变色的树。

活动过程

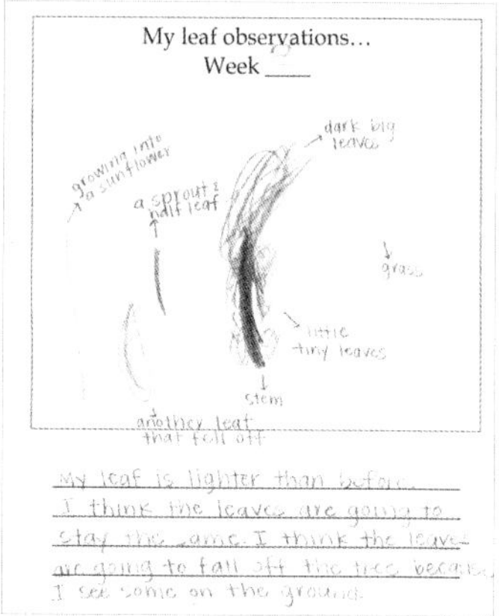

1. 提前设计好科学记录本，能够便于儿童在 4～6 周的时间里把他们每周的记录写下来和画下来，还需要在科学记录本上设计另一个版块，以便儿童预测接下来的一周里他们会看到什么。

2. 在开始观察树木之前，请儿童讨论在秋天会发生什么，比如：秋天树上的叶子会发生什么变化，你能告诉我吗？你知道那是为什么吗？树叶可能会变成哪些颜色呢？

3. 每周确定一天，在这天带着儿童到户外对树木进行观察并把观察的结果记录在科学记录本里。给儿童至少 20 分钟的时间进行观察和记录。对儿童来说，在户外一边观察树木和树叶一边记录观察结果是一项很重要的能力。

4. 请儿童每周选择一棵树进行观察，鼓励他们把观察的结果画下来。还可以问一些提示性的问题，例如：你看到这棵树的树叶是什么颜色？有没有发现这周树叶的颜色有什么不同？有没有看上周你画的树叶？这周树叶有什么不同的地方吗？

5. 可以在儿童的画旁边补充一些描述性的文字，这些文字来自儿童的口述，你也可以把每周拍的照片放进他们的科学记录本里。

6. 在项目结束时，请儿童与同伴和家长分享他们的科学记录。

活动记录

儿童的科学记录本就是很好的活动记录，每周儿童把观察结果画下来时你与他们的对话也可以作为活动记录。

活动延伸

也可以在春季开展类似的项目，如持续观察树上叶子发芽的过程。

长期项目：天气变化

活动主题

天气是指某段地区某段时间内阳光、风、雪或雨与气温的组合。人们测量这些气象要素，用它们来描述和记录天气，并注意天气随时间推移而变化的规律。

创造性技能

- 探索
- 交流与合作
- 记录

活动目标

观察和记录一个月以内天气的变化。

活动材料

天气记录本（有足够的页面让儿童每天把天气画下来，并且要持续一个月），彩色铅笔、蜡笔、记号笔，室外温度计，风向袋，雨量计。

活动概况

这个活动可以作为集体活动开展，并且在某个季节中持续开展一个月。选择一个季节，在这个季节里儿童要能观察到各种不同的天气现象。观察活动最好安排在户外活动结束时。

活动过程

1. 提前设计好科学记录本，科学记录本中需要一个版块让儿童把当天的温度、风向、雨量记录下来。还需要一个版块让儿童把当天观察到的天气状况画下来。

2. 在教室外放置温度计、风向袋和雨量计。与儿童讨论气象学家如何使用这些工具来追踪天气的变化。

3. 告诉儿童他们将在一个月的时间内用这些工具跟踪天气的变化。

4. 当儿童每天在室外和天气观察设备旁进行观察时，留出 10 分钟的时间请他们记录自己的观察结果。如果遇到恶劣天气，儿童在室内观察即可。

5. 鼓励儿童把前一天的观察结果与当天的观察结果进行比较。

6. 项目结束时，请儿童与同伴和家长分享他们的天气记录。

活动记录

儿童的天气记录本就是很好的记录。每天儿童在记录和绘画天气现象时与成人的对话也可以作为活动记录。

活动延伸

这个活动可以拓展为对各个季节的天气进行记录。这个记录本可以用来比较各个季节的天气情况，从而发现降水量和气温随季节的变化而变化。

相关儿童读物

Cole, Rachel. 2017. *City Moon.* Toronto: Schwartz and Wade.

凭借鲜艳的色彩和拼贴风格艺术，《城市月光》讲述了一个引人入胜的故事，故事的主人公在晚上散步时寻找天上的月亮。

Minor, Wendell. 2015. *Daylight Starlight Wildlife.* New York: Nancy Paulsen Books.

这本书将生命科学和地球科学联系起来，向儿童介绍夜行动物（主要在夜间活动）和日行动物（主要在白天活动）。每种动物的介绍都配有抒情的文字和细致的绘画。

Sayre, April Pulley. 2015. *Raindrops Roll. San* Diego, CA: Beach Lane Books.

凭借来自世界各地色彩明亮、鲜艳的照片，《雨滴翻滚》讲述了雨滴的作用，以及雨水如何影响自然世界的故事。

图书在版编目（CIP）数据

儿童早期科学教育中的创造性探究 / （美）安吉拉·埃克霍夫著；陶莹译．-- 南京：江苏凤凰教育出版社，2020.12

（STEAM 核心概念与创造性探究）

ISBN 978-7-5499-9131-0

Ⅰ．①儿… Ⅱ．①安… ②陶… Ⅲ．①科学知识－教学研究－学前教育 Ⅳ．① G613.3

中国版本图书馆 CIP 数据核字 (2020) 第 268446 号

丛 书 名	STEAM 核心概念与创造性探究
书　　名	儿童早期科学教育中的创造性探究
丛书主编	全人教育
作　　者	【美】安吉拉·埃克霍夫（Angela Eckhoff）
译　　者	陶　莹
出版统筹	刘　煜　陈　芳
责任编辑	严小英
出版发行	江苏凤凰教育出版社（南京市湖南路 1 号 A 楼　邮编 210009）
印　　刷	苏州望电印刷有限公司
厂　　址	苏州市相城区望亭镇问渡路 27 号（邮编 215155）
开　　本	787 mm × 1092 mm　1/16
印　　张	5.75
版　　次	2020 年 12 月第 1 版
印　　次	2020 年 12 月第 1 次印刷
书　　号	978-7-5499-9131-0
定　　价	30.00 元
传　　真	025-86551305
客服电话	025-58351159
盗版举报	025-58351159　025-83658579

本书如有印刷、装订等质量问题，请与印刷厂联系调换，电话：0512-66700301
提供盗版线索者给予重奖